Colin Spencer

Mittelmeerküche

vollwertig und vegetarisch

Hörnemann

Übersetzt und bearbeitet von Gerd Hochheide
Originalverlag: Thorsons Publishing Group Ltd,
Wellingborough, England
Originaltitel: Mediterranean Vegetarian Cooking
Layout: Rolf Bünermann
Einbandfoto: Gruner + Jahr, Hamburg
(Kichererbseneintopf)
Gesamtherstellung: Mohndruck,
Graphische Betriebe GmbH, Gütersloh
Printed in Germany
Buchnummer 239/04098
ISBN 3-87384-498-2

Inhalt

Einleitung

Zu den Anrainern des Mittelmeeres gehört Frankreich (mit den beiden Provinzen Languedoc und Provence, doch kann man zwischen beiden keine saubere Trennungslinie ziehen, denn ihre Küche wird mehr und mehr beeinflußt von den übrigen Provinzen Frankreichs), Korsika, Spanien mit den Balearen, Gibraltar, Nordafrika (mit Marokko, Algerien, Tunesien, Libyen und Ägypten), die mittelöstlichen Länder Israel und Libanon, dann die Türkei und Griechenland mit all den Inseln dazwischen, die immer noch unter dem Einfluß der türkischen Küche stehen, ferner das geteilte und von beiden Ländern beeinflußte Zypern, ganz Italien mit Sizilien und Sardinien. Dazu gehören auch noch die kleinen Inseln Malta und Gozo, doch hat deren Küche, so fürchte ich, unter der 150 Jahre währenden Herrschaft der Briten gelitten und nur wenige der einheimischen traditionellen Gerichte überlebten.

Gibt es etwas, was diese vielsprachige Sammlung gemeinsam hat, abgesehen vom Mittelmeer, das beim Blick auf diese Länder mehr wie ein Binnensee wirkt, und den klimatischen Bedingungen, heiße trockene Sommer und unbeständige kühle und nasse Winter, beide verursacht von der Sahara und dem Atlantischen Ozean? Doch obgleich diese Länder in religiöser, wirtschaftlicher, historischer und politischer Hinsicht erheblich differieren, sind die Bodenverhältnisse so verschieden nicht und auch die Erzeugnisse sind ziemlich ähnlich. Doch was man jeweils daraus macht, das ist eine andere Geschichte.

Was diese unterschiedlichen geographischen Regionen für mich in ihrer Küche unterscheidet, das ist die Verwendung der drei Grundprodukte Olive samt ihrem Öl, Knoblauch und Tomate. Dabei ist die Tomate ein Neuling; sie tauchte erst nach der Entdeckung Amerikas auf, wurde aber sehr schnell beliebt, besonders in Spanien und Italien, wo sie so üppig gedeiht, daß man sich die Mittelmeerküche ohne Tomate, Tomatenpaste und Tomatensoße nicht vorstellen kann.

Dennoch ist es die Olive und ihr Öl, die die Küche dieses Raumes grundlegend beeinflußte, hauptsächlich deshalb,

weil der ärmliche Boden keine Weiden und daher auch keine Milchwirtschaft erlaubt. Sahne, Milch und Butter gibt es nicht, an ihrer Stelle wird Olivenöl benutzt. Wir wissen inzwischen, daß dieses einfache und mehrfach ungesättigte Fettsäuren enthält, daher ist es neutral und fördert nicht die Arterienverkalkung und auch nicht die Neigung zu Herzinfarkt. Die Küche dieser vielen unterschiedlichen Länder ist deshalb durchgehend gesund. Wir wissen auch, daß Knoblauch die Gesundheit äußerst günstig beeinflußt. In großen Mengen gegessen stoppt er schon nach kurzer Zeit die Arterienverkalkung und mindert dadurch die Gefahr eines Herzinfarkts. Ich erwähne diesen gesundheitlichen Aspekt nur nebenbei, aber man sollte ihn kennen, besonders wenn eine Küche so hervorragend und köstlich ist wie die der Mittelmeerländer.
Dreißig Jahre lang bereiste ich dieses Gebiet und lebte zeitweilig auf einer griechischen Insel, auf Sizilien und an den Küsten Italiens und Frankreichs. Zeit genug also, um das Einkaufen zu lernen und auch einige Feinheiten der örtlichen Märkte. In einigen Gegenden habe ich auch mein Gemüse selbst angebaut und manchmal mit den steinigen Böden gerungen, die häufig genug nur etwa 25 cm dick dem Felsen auflagen. Verzweifelt grub ich sie um, in der Meinung, sie seien zu trocken und zu armselig, um irgend etwas hervorzubringen. Doch nach den heftigen Regenfällen des Spätwinters, die im Januar beginnen, erblüht die Erde plötzlich im späten April mit Wildblumen, mit Anemonen, Orchideen und Lilien, erblüht der Kapernbusch so, daß er einem Schwarm von Paradiesvögeln gleicht. Und dann legt man die Samen aus, und ein paar Tage später schon zeigen sich grüne Spitzen. Alle meine Gärten am Mittelmeer gediehen, wenn sie täglich gewässert wurden. Und die Produkte wurden nach den Methoden und Rezepten zubereitet, die ich meinen Freunden am Ort abgeschaut hatte.
Ein weiterer Trumpf dieser Gegenden sind die Würzkräuter. Die Purpurblüten des Thymians wachsen aus den Felsspalten, ein aufmerksamer Spaziergänger kann wilde Minze, Salbei und Rosmarin finden. In Griechenland habe ich Oregano kiloweise gepflückt. In der Provence habe ich wilden Knoblauch gefunden, den man jedoch nicht verwendet, solange es auf den dortigen Märkten Gartenknoblauch von gewaltigen, gargantuanischen Ausmaßen gibt. Was man nicht vor der Haustür oder dicht dabei

findet, kann man auf den Märkten kaufen; Töpfe mit buschigem Basilikum oder ein Bündel Basilikumblätter werden immer an dem einen oder anderen Stand angeboten, zusammen mit einigen Zöpfen Knoblauch, ein paar Zitronen und Tomaten, den Produkten der Kleingärten also. Da die Kräuter hoch in den Bergen wachsen, an sonnenheißen, trockenen Stellen, ist ihr Aroma viel intensiver als das der in schattigen, bewässerten Gärten gezogenen Arten. Es ist gerade die Intensität der Kräuter und Gewürze, die den Landesküchen ihren Pfiff verleiht.
Die Mittelmeerküche hat eine ebenso alte wie reiche vegetarische Tradition, und zwar aus zwei Gründen, religiösen und wirtschaftlichen. In den katholischen Ländern gab es Festtage und Fastenwochen, wo Fleisch verpönt war und sehr oft auch Fisch. Je bescheidener das Essen war, um so größer war die Frömmigkeit, doch der Mensch mit seinem widersprüchlichen Ich konnte ärmliche Kost nicht lange aushalten. So schuf er aus einfachen Materialien (Gemüse, Eiern und Käse) Gerichte mit mehr Stil und mehr Anziehungskraft, als vielleicht einem frommen Gemüt guttat. Die Torta pasqualina fällt einem dabei sofort ein, die mehr wie ein Hochzeitskuchen aussieht als ein Gemüseauflauf. Und was die wirtschaftliche Seite angeht, so waren diese Gegenden jahrhundertelang arm und lebten unter Feudalherrschaft. Durchweg existierte man von dem, was das Land und das Meer hergab; Fleisch war rar, denn ein Tier zu schlachten bedeutete Kapital zu vernichten. Und was den Fisch angeht, so konnten langanhaltende Winterstürme auf diesem wankelmütigen, trügerischen Meer die Lebensgrundlage eines Fischers für Wochen vernichten. Dann gab es als Nahrung nur gesalzenen Fisch oder schlichtes Gemüse, Brot, Käse, Getreide und Reis. Heute wird die Ernährung bereichert durch Büchsenkonserven, oft genug sogar von der Firma Heinz. Traurig aber wahr: in den primitiven und weniger bewohnbaren Gegenden Griechenlands und Italiens, wo die getrocknete Bohne herrschen sollte, habe ich beobachtet, wie Hausfrauen Büchsenbohnen einkauften.
Ein weiterer Reichtum dieser Länder sind die Hülsenfrüchte; fast alle berühmten Bohnengerichte stammen vom Mittelmeer (ich gebe zu, daß es auch einige wenige aus Mexiko, der Karibik und China gibt). Die Bohne paßt gut zu dem dicken grünen Olivenöl erster Pressung, zu saftigem Knoblauch, zu Thymian und Rosmarin. Und zusam-

men mit etwas Wasser kann man aus diesen Zutaten eine der besten Suppen der Welt herstellen. Es ist diese Kost, die bei den Einheimischen als sehr schlicht gilt, der wir uns zuwenden wollen, denn für uns liegt ihr Reichtum gerade in der Einfachheit. Zwar gibt es dort keine Butter, keine Sahne und keinen Vollfettkäse, aber herrliche salzige Käse aus Ziegenmilch und Hartkäse, die gerieben perfekte Begleiter für Suppen und Nudeln sind.

Da viele mediterrane Nahrungsmittel heutzutage nach Nordeuropa exportiert werden, können wir diese Ernährungsweise leicht übernehmen. Und ich glaube, es ist die beste der Welt. Die Gerichte sind ohne Schwierigkeiten zu kochen, sie sind abwechslungsreich wegen verwendeten Gewürze und Kräuter und immer appetitanregend. Und beim Kochen trägt mich ihr Duft zurück zu den Bergen Griechenlands und den Küsten Siziliens, wo Körper und Seele zufrieden sind, und für einige Augenblicke ist der harsche Wind und die bedrückende Nässe unseres heimischen Klimas gebannt.

Appetitmacher, Mezzes und Tapas

In den Mittelmeerländern ist es Tradition, zum abendlichen Drink verschiedene Kleinigkeiten zu knabbern. Diese können aber auch, wie in Spanien und Griechenland, so zahlreich und köstlich sein, daß sie faktisch zum ersten Gang des Abendessens werden.
Eines oder mehrere dieser Pürees können, zusammen mit frischem Gemüse als Rohkost, im Sommer ein guter Beginn für eine Mahlzeit sein.

Auberginen-Püree Griechenland

900 g Auberginen
4 EL Olivenöl
2 TL Zitronensaft
3 Knoblauchzehen, zerdrückt
Meersalz
und schwarzer Pfeffer

Die Auberginen grillen, bis die Haut schwarz wird und abgezogen werden kann. Das gibt dem Fleisch den erwünschten angesengten Geschmack. Auf dem Holzkohlengrill 30 Minuten rösten, im Elektrogrill, bis das Fleisch weich ist.
Abkühlen lassen und die Außenhaut komplett abziehen. Fleisch in den Mixer geben und zusammen mit den anderen Zutaten pürieren. Für einige Stunden im Kühlschrank erkalten lassen, damit das Öl dick wird. Mit heißem Pitta-Brot oder braunem Toast servieren.

Sesam-Aubergine Ägypten

50 g Sesamsamen in eine ungefettete Pfanne geben, Deckel auflegen und ein paar Minuten über offener Flamme hin und her bewegen. Oder die Pfanne ohne Deckel auf mäßig warmer Platte heiß werden lassen, Sesam mit einem Holzlöffel bewegen, bis die Körner goldbraun sind und ein köstlicher Duft aufsteigt. Den größten Teil der Samen den Zutaten des obigen Gerichts beim Mixen zugeben, den Rest auf das fertige Püree streuen.

Türkei

Würziges Auberginen-Püree

Einen Eßlöffel Garam masala (indische Gewürzmischung, in Spezialgeschäften erhältlich) den obigen Sesam-Auberginen zugeben.

Italien

Auberginen-Püree II

Statt des Olivenöls 150 ml saure Sahne oder Joghurt mit einem Spritzer Tabasco zugeben.

Italien

Auberginen-Püree III

Dem obigen Rezept für Auberginen-Püree 4 geschälte und gehackte Tomaten und eine grüne oder rote Paprikaschote, ebenfalls gehackt, zugeben. Falls Sie es gern scharf mögen, fügen Sie einen Spritzer Tabasco hinzu.

Türkei

Imam bayildi Der Imam fiel in Ohnmacht

3 Auberginen
250 g Zwiebeln, in Scheiben geschnitten
3 Paprikaschoten, rot oder grün
450 g Tomaten
150 ml Olivenöl
5 Knoblauchzehen, zerdrückt
Meersalz und schwarzer Pfeffer

Auberginen über einer offenen Flamme oder im Grill ansengen, am besten in einem Holzkohlengrill wegen des Aromas. Wie auch immer man das macht, das Ansengen ist wichtig für den Geschmack des Gerichts. Die äußere Haut abziehen, etwas Olivenöl über die Auberginen gießen und diese im vorgeheizten Backofen bei 200° 20 Minuten garen oder bis das Fleisch durch ist.
Inzwischen das restliche Olivenöl in eine Pfanne gießen, kleingeschnittene Paprika, Zwiebel und Knoblauch hinzugeben und 15 bis 20 Minuten garen. Die Tomaten häuten und zufügen und weitere 10 Minuten garen.
Das Auberginen-Fleisch einrühren und die Mischung abkühlen lassen. In einer Küchenmaschine zu einem glatten Püree verarbeiten. Gekühlt servieren mit warmem Pitta-Brot.

Crudité Rohkost — Frankreich

Das ist der beste Appetitmacher von allen, speziell in den Mittelmeerländern, wo die Auswahl an frischen Gemüsen größer und reichhaltiger ist als hier bei uns.
Das Anrichten von Rohkost hat eine gewisse Ähnlichkeit mit Arrangieren von Blumen: sie soll anregend und verführerisch aussehen. Verwenden Sie nur frisches junges Gemüse bester Qualität und schneiden Sie es so zu, daß man es leicht handhaben kann. Nehmen Sie Paprika (rote, gelbe, grüne), Fenchel, Zucchini, Stangensellerie, grüne Bohnen (blanchiert), Frühlingszwiebeln, Radieschen und Rettiche, Gurken, Tomaten und Kohlrabi. Mit Mayonnaise und einem der vorgenannten Pürees servieren.

Dicke Bohnen in der Schale — Griechenland

Junge dicke Bohnen serviert man in der Schale mit Ouzo, Brotwürfeln und anderen Mezze. In dieser simplen Form erhält man Sie auch in der Provence und Süditalien.

Gigantes Salata Butterbohnen-Salat — Griechenland

225 g Butterbohnen
1 Bund Frühlingszwiebeln
5 Knoblauchzehen, zerdrückt
12 schwarze Oliven, entsteint und halbiert
Saft und Schale von 2 Zitronen
125 ml Olivenöl Meersalz und schwarzer Pfeffer
je 2 EL Petersilie und Minze, beide gehackt

Die Bohnen einweichen, dann etwa eine Stunde kochen bis sie weich sind. Bohnen abgießen und in einer Schüssel mit den übrigen Zutaten gut vermischen.

Fasolia Mavromitika — Griechenland
Salat von schwarzgepunkteten Bohnen

Entspricht dem obigen Rezept, doch verwendet man schwarzgepunktete Bohnen, die schon in etwa 30 Minuten gar sind.

Griechenland

Kounoupithi Salata Blumenkohlsalat

1 großer Blumenkohl
2 TL Oregano, getrocknet
5 EL Olivenöl
5 Knoblauchzehen, zerdrückt
Saft und Schale einer Zitrone
Meersalz
und schwarzer Pfeffer

Den Blumenkohl in Röschen zerpflücken und 4 bis 5 Minuten in leichtem Salzwasser kochen; er soll gar, aber noch *al dente* sein.
Blumenkohl gut abtropfen lassen. Das Öl in eine Pfanne geben, den Oregano darin kurz erhitzen, bis er seinen Duft freisetzt. Saft und Schale der Zitrone in eine große Schüssel geben, Knoblauch, Salz und Pfeffer zugeben, dann das Öl mit dem Oregano. Gut durchmischen. Den Blumenkohl zufügen und gut unterheben.

Griechenland

Dolmades Gefüllte Weinblätter

250 g Weinblätter, abgetropft
250 g ungekochten Reis
2 Zwiebeln, fein gehackt
2 EL Sellerieblätter, fein gehackt
Meersalz
und schwarzer Pfeffer
ein paar Kohlblätter
je 1 TL Dill, Thymian und Oregano, zerdrückt
150 ml Olivenöl
Saft von 2 Zitronen
4 bis 5 Knoblauchzehen, zerdrückt

Reis unter fließendem Wasser abspülen, dann Zwiebeln, Knoblauch, Kräuter und Gewürze zugeben. Einen Teelöffel dieser Mischung in die Mitte eines jeden Weinblattes legen, über die Füllung rollen, die Seiten dabei einschlagen. Eine Pfanne mit dickem Boden mit einigen äußeren Kohlblättern auslegen; sie sollen verhindern, daß die Dolmades ankleben oder anbrennen. Die gefüllten Weinblätter dicht aneinander zu einer Lage auslegen. Mit dem Olivenöl, dem Zitronensaft und so viel Wasser aufgießen, daß die Dolmades 5 bis 8 cm bedeckt sind. Über schwacher Hitze in eineinhalb bis zwei Stunden langsam garkochen.
In der Brühe abkühlen lassen. Schmecken gekühlt vorzüglich und lassen sich auch wieder aufwärmen.

Escalibada Spanien

450 g Auberginen
450 g Paprika, gelbe, rote und grüne gemischt
5 Knoblauchzehen, zerdrückt
12 schwarze Oliven, entsteint und halbiert
4 EL Olivenöl
1 EL Zitronensaft
2 EL Petersilie gehackt
Meersalz und schwarzer Pfeffer

Auberginen grillen, bis die Haut schwarz wird und Blasen wirft, etwa 15 bis 20 Minuten. Abkühlen lassen und schälen.
Auf die gleiche Weise die Paprikaschoten in 5 Minuten garen. Abkühlen lassen. Samen aus den Paprikas entfernen, das Fleisch beider Gemüse in Streifen schneiden und in abwechselnden Lagen auf einer Platte anrichten. Die schwarzen Oliven darüber verteilen. Aus Knoblauch, Zitronensaft, Olivenöl und Gewürzen eine Marinade rühren und über die Gemüse gießen. Mit Petersilie bestreuen und servieren.

Rábanos Weiße Rettiche Spanien

3 bis 4 lange weiße Rettiche
60 g Butter
1 TL Cayennepfeffer
Meersalz

Rettiche säubern, Wurzelende und Blattansatz abtrennen, dann diagonal in Scheiben schneiden. Jede Scheibe mit Butter bestreichen, mit Cayennepfeffer und Meersalz bestreuen.

Chalotas con Aceitunas Schalotten mit Oliven Spanien

etwa 250 g Schalotten
10 grüne und schwarze Oliven, entsteint
1 EL Olivenöl
1 EL Petersilie
Meersalz und schwarzer Pfeffer
2 EL Paniermehl (Vollkorn)

Schalotten schälen und 10 Minuten in leicht gesalzenem Wasser kochen. Gut abtropfen lassen. In einer Schüssel mit den übrigen Zutaten vermischen.

Spanien

Tomates rellenos Gefüllte Tomaten

6 Tomaten
2 hartgekochte Eier, gehackt
2 EL Manchego-Käse, gerieben
2 EL Petersilie, gehackt
1 TL Rotweinessig
1 EL Olivenöl
Meersalz und schwarzer Pfeffer

Tomaten halbieren und aushöhlen, das Fruchtfleisch in einer Schüssel sammeln. Die restlichen Zutaten in die Schüssel geben und gut vermischen, dann in die ausgehöhlten Tomaten füllen. Vor dem Servieren im Kühlschrank kalt stellen.

Spanien

Bolitas de Patata Gebratene Kartoffelbällchen

1 kg Kartoffeln
60 g Manchego-Käse, gerieben
30 g Vollweizenmehl
1 Ei, geschlagen
Meersalz und schwarzer Pfeffer
Maiskeimöl zum Ausbacken

Kartoffeln schälen und in leicht gesalzenem Wasser garen. Gut abtropfen lassen. Zusammen mit dem Käse, dem geschlagenen Ei, dem Mehl und den Gewürzen zu Brei zerstampfen. Die Mischung zu Bällchen formen und diese in heißem Öl schwimmend ausbacken.

Griechenland

Schwarze Oliven

Schwarze Oliven aus der Lake nehmen und gut abtropfen lassen; in einen Krug geben. 5 oder 6 Zehen Knoblauch schälen, in dünne Scheiben schneiden und zusammen mit einem Eßlöffel getrockneten Oregano ebenfalls in den Krug füllen und unter die Oliven mischen. Mit kräftigem Olivenöl auffüllen, den Krug abdecken und mehrere Wochen stehenlassen.

Skordalia Griechenland

450 g mehlige Kartoffeln
5 Knoblauchzehen, zerdrückt
150 ml Olivenöl
2 Eigelb
Saft und Schale einer Zitrone
Meersalz und schwarzer Pfeffer

Kartoffeln schälen und kochen, anschließend zerstampfen und durch ein Sieb treiben. Den Knoblauch zufügen, die Eigelb einrühren, dann tropfenweise das Olivenöl zugeben, bis sich ein dickes Püree ergibt. Abschmecken und eventuell nachwürzen.

Skordalia II Griechenland

2 Eigelb
50 g gemahlene Mandeln
50 g frisch gemahlenes Paniermehl
5 Knoblauchzehen, zerdrückt
150 ml Olivenöl
2 EL Petersilie, gehackt
2 EL Zitronensaft
Meersalz und schwarzer Pfeffer

Die Eigelb in eine Schüssel geben, tropfenweise das Olivenöl zufügen wie beim Herstellen von Mayonnaise. Mandeln und Paniermehl einrühren, dann den Knoblauch, die Petersilie und den Zitronensaft. Schmeckt vorzüglich mit warmem Pitta-Brot.

Ensalada de Remolacha Rote-Bete-Salat Spanien

Rote Bete kochen, schälen und in dünne Scheiben schneiden. Mit ein wenig Weinessig übergießen und mit viel scharfem Chili-Öl. Mit Scheiben von rotem Pimientos garnieren.

Falafel Israel

Das sind winzige Pfannkuchen aus Kichererbsen; benutzen Sie das Püree aus dem folgenden Rezept, doch ohne das Olivenöl. Einen halben Teelöffel Backpulver, gemahlenen Kreuzkümmel und gemahlenen Koriander zugeben, ebenso zwei große, fein gehackte Zwiebeln, Meersalz und eine gute Prise Cayennepfeffer. Alle Zutaten zu einer glatten Paste verarbeiten, kleine Pfannkuchen daraus formen und in Pflanzenöl ausbacken.

Griechenland

Hummus

175 g Kichererbsen
4 Knoblauchzehen, zerdrückt
Saft und Schale einer Zitrone
150 ml Olivenöl
eine Handvoll Pfefferminze, gehackt
Meersalz und schwarzer Pfeffer

Kichererbsen über Nacht einweichen. Zwei Stunden in Wasser kochen; sie sind gar, wenn man sie mit einer Messerspitze teilen kann. Kichererbsen nie zerfallen lassen wie andere Hülsenfrüchte. Kichererbsen abgießen, dabei zumindest 150 ml Wasser zurückbehalten. In einem Mixer mit den anderen Zutaten zu einer dicken Creme verrühren. Wird diese zu dick, etwas Kochwasser zufügen.

Frankreich

Tapenade

100 g schwarze Oliven, entsteint
50 g Kapern
4 Knoblauchzehen, zerdrückt
150 ml Olivenöl
2 EL feines Paniermehl

Alle Zutaten miteinander mischen und zu einer dicken Creme verarbeiten.

Ägypten

Linsenpüree

250 g Linsen, gekocht
2 Knoblauchzehen, zerdrückt
1 EL Zitronensaft
3 EL Olivenöl
50 g feines Paniermehl, frisch
Meersalz und schwarzer Pfeffer
eine Handvoll gehacktes Schnittlauch oder Petersilie

Alle Zutaten in einem Mixer zu einer dicken Creme vermischen.

Falafel II

Dazu das obige Linsenpüree herstellen und einen Eßlöffel Kichererbsenmehl (in orientalischen Geschäften erhältlich) sowie ein geschlagenes Ei zugeben. Pfannkuchen formen und in Pflanzenöl ausbacken.

Tahina-Creme Türkei

150 ml Tahina-Paste
3 Knoblauchzehen, zerdrückt
150 ml Zitronensaft
½ TL Kreuzkümmel, gemahlen
½ TL Koriander, gemahlen
Meersalz
und schwarzer Pfeffer

Alle Zutaten in einem Mixer vermischen. Zu Pitta-Brot essen.

Tahina-Creme mit Mandeln Libanon

Das vorhergehende Rezept benutzen, jedoch die Gewürze weglassen. Statt dessen 60 g gemahlene und 60 g blanchierte Mandeln zugeben. Mit einigen blanchierten Mandeln verzieren.
Variante: statt Mandeln zerdrückte Walnüsse verwenden.

Tahina mit Joghurt Tunesien

150 ml Tahina-Paste
150 ml Joghurt
Saft von 2 Zitronen
3 Knoblauchzehen, zerdrückt
Meersalz
und schwarzer Pfeffer

Alle Zutaten in einem Mixer zu einer glatten Paste verarbeiten.

Baba Ghanoush Türkei

300 ml Tahina-Paste
3 große Auberginen
5 Knoblauchzehen, zerdrückt
150 ml Zitronensaft
½ TL Kreuzkümmel, gemahlen
½ TL Koriander, gemahlen
Meersalz
und schwarzer Pfeffer

Um den authentischen Geschmack zu erzielen, müßte man die Auberginen über Holzkohlenfeuer grillen. Ein ziemlich ähnliches Ergebnis erzielt man jedoch mit einer Gasflamme oder unter dem Grill. Auberginen grillen, bis das Innere weich und die Außenhaut geschwärzt ist. Die Früchte halbieren, die Hautreste entfernen, die übrigen Zutaten zum Fruchtfleisch geben, die Tahina-Paste zuletzt. Für eine glatte Creme den Mixer benutzen.

Zypern

Gegrillter Käse

Haloumi ist das zypriotische Äquivalent für Parmesan; es ist ein salziger Hartkäse, der in Scheiben geschnitten und gegrillt wird. In dieser Form ist er ein perfekter Appetithappen, doch er muß auf die letzte Minute zubereitet werden, unmittelbar vor dem Auftragen.

Griechenland

Kefalotyri Saganaki

Ähnlich wie Haloumi wird Kefalotyri gerieben oft zu Pasta und Saucen benutzt. Der Käse wird in etwa 7 mm dicke Scheiben geschnitten, mit Mehl bestäubt und in Öl braun gebraten.

Hors d'œuvres und Vorgerichte

Artischocken

Wo es reichlich Artischocken gibt, und das ist in allen Mittelmeerländern der Fall, werden die Blätter weggeworfen und nur die Herzen und Böden gekocht und gegessen. In Frankreich, Italien und Spanien jedoch wird die ganze Artischocke zubereitet; die eßbare Basis der Blätter wird in Sauce oder flüssige Butter getaucht und ausgesaugt.

Artischocken kochen

Die scharfen Blattspitzen abschneiden, den Boden glatt schneiden, so daß die Artischocke festen Stand hat, und in kochendes Wasser setzen. Man rechnet eine Artischocke pro Person. Die Garzeit wird 20 bis 40 Minuten dauern, abhängig von der Größe der Pflanze. Sie sind gar, wenn sich die Blätter leicht herausziehen lassen. Man kann sie heiß, warm oder gekühlt servieren. Im allgemeinen ißt man dazu eine Vinaigrette mit viel Knoblauch.

Farcis d'Artichaut Gefüllte Artischocken — Frankreich

Pro Person eine Artischocke kochen und abkühlen lassen. Die mittleren Blätter und das Heu herausnehmen und wegwerfen. Aus frisch gekochten dicken Bohnen im Mixer ein Püree bereiten, zusammen mit einem Becher saurer Sahne und einem Eßlöffel frisch gehacktem Sommerbohnenkraut. Püree abschmecken und in die Artischocken füllen. Im Kühlschrank kalt werden lassen und servieren.

Carciofo e Insalata di Patate — Italien
Artischockenherzen mit Kartoffelsalat

Dieses süditalienische Gericht wird mit winzigen wachsigen Kartoffeln und den Herzen der jüngsten Artischocken zubereitet. Beide Gemüse zusammen in leicht gesalzenem Wasser kochen. Gut abgießen, Öl, Zitronensaft und etwas zerdrückten Knoblauch unterheben und abschmecken. Kühlen und servieren.

Frankreich

Cœur d'Artichaut Artischockenherzen

Pro Person 3 Artischockenherzen garen, zusammen mit einem halben Kilo grüner Erbsen. Gut abtropfen lassen. Zu den heißen Gemüsen 3 Eßlöffel Olivenöl geben, ebenso mehrere gehackte Tomaten und 3 zerdrückte Knoblauchzehen. Ein paar Minuten heiß werden lassen, auf einem Bett von rotem und grünem Salat servieren.

Frankreich

Fricassée d'Artichaut Frikassee von Artischockenböden

12 Artischockenböden, gekocht
175 g Butter
300 ml dicke Sahne
1 TL Zitronensaft
je 1 Handvoll Petersilie und Estragon, frisch gehackt
Gewürze nach Geschmack

Die Artischockenböden in etwa zentimeterlange Stücke schneiden und warm stellen. Die Butter in einer Pfanne schmelzen, die Sahne zufügen und beide zu einer dicken Soße einkochen. Zitronensaft, Kräuter und Gewürze zugeben. Artischockenböden einrühren und alles in eine Schüssel füllen.

Frankreich

Grillade d'Artichaut poivré Teufelsartischocken

12 Artischockenböden, gekocht
1 EL Dijon-Senf
300 ml einfache Sahne
ein Spritzer Tabasco
Gewürze nach Geschmack

Die gekochten Artischockenböden in eine Steingutschüssel legen und warm halten. Die restlichen Zutaten vermischen und über die Artischocken gießen. Unter einen heißen Grill stellen und garen, bis die Oberfläche Blasen wirft und zu bräunen beginnt.

Anginares a la Polita — Türkei und Griechenland
Artischocken auf Konstantinopler Art

6 ganze Artischocken	*3 EL frischen Dill*
Saft einer Zitrone	*250 g kleine neue Kartoffeln*
150 ml Olivenöl	*300 ml Wasser*
3–4 kleine Möhren	*Meersalz*
2 große Zwiebeln	*und schwarzer Pfeffer*

Von den Artischocken Blätter, Kern und Heu entfernen, so daß nur die Böden übrigbleiben. In eine Schüssel mit kaltem Wasser legen, Zitronensaft dazugeben. Zwiebeln und Möhren schälen und in Scheiben schneiden; Kartoffeln waschen und schrappen. Olivenöl in eine Pfanne geben, Zwiebeln, Möhren und Dill zufügen und für 2 bis 3 Minuten garen. Dann die Kartoffeln, die Artischockenböden, das Wasser und die Gewürze hinzugeben. Auf schwacher Flamme etwa 40 Minuten leicht köcheln lassen. – Dieses Gericht kann warm oder gekühlt gegessen werden.

Anginares me Koukia Artischocken mit dicken Bohnen — Griechenland

6 Artischocken	*150 ml Olivenöl*
1 kg dicke Bohnen	*450 ml Wasser*
Saft von 2 Zitronen	*2 EL Dill*
1 große Zwiebel	*Meersalz*
5 Knoblauchzehen, zerdrückt	*und schwarzer Pfeffer*

Artischocken vorbereiten wie im vorigen Rezept. Dicke Bohnen aus der Schale nehmen, Zwiebel schälen und in Scheiben schneiden. Das Öl in einer Pfanne erhitzen, Zwiebel und Knoblauch darin ein paar Minuten garen. Die übrigen Zutaten beigeben und 45 Minuten leicht köcheln lassen.

Griechenland

Anginares Avgolemono
Artischocken mit Ei und Zitronensauce

6 Artischocken
Saft von 2 Zitronen
1 Zwiebel
3 Knoblauchzehen, zerdrückt
60 g Butter
3 kleine Möhren
300 ml Wasser
2 EL Dill, gehackt
4 bis 5 Frühlingszwiebeln, gehackt
Meersalz
und schwarzer Pfeffer
3 Eigelb

Von den Artischocken Blätter, Kern und Heu entfernen, so daß nur die Böden übrigbleiben. Zwiebel und Möhren schälen und hacken. Butter in einer Pfanne schmelzen lassen, Zwiebel und Knoblauch zugeben und ein paar Minuten garen. Das Wasser, den Zitronensaft, die Möhren, die Artischockenböden, den Dill und Gewürze zugeben und 30 Minuten garen. Die Pfanne vom Herd nehmen und den Inhalt etwas abkühlen lassen. Die Eigelb einrühren, die Pfanne zurück aufs Feuer setzen und die Sauce etwas eindicken lassen. Gehackte Frühlingszwiebel einrühren und das Gericht abkühlen lassen.

Frankreich

Œufs en Gelée à l'Estragon Eier in Estragon-Gelee

Es ist schwierig, für dieses Horsd'œuvre genaue Mengenangaben zu machen; ich rechne ein Ei pro Person. Die Eier müssen weichgekocht sein, das heißt, dicke Eier dürfen nicht länger als 5 Minuten gekocht werden, so daß das Eigelb noch flüssig, das Eiklar aber fest ist. Das Gelee wird mit Agar-Agar hergestellt, das kochen muß, bevor es fest wird. Ich rechne zwei gestrichene Teelöffel auf 600 ml Brühe.

Eier, weichgekocht
600 ml kräftige Gemüsebrühe
2 gestrichene TL Agar-Agar
eine Handvoll frischer Estragon, gehackt
Meersalz
und schwarzer Pfeffer

Eier vorsichtig schälen und je eines in ein Auflaufförmchen setzen. Das Agar-Agar und den gehackten Estragon zur Gemüsebrühe geben und 2 bis 3 Minuten kochen, dann abkühlen lassen. Die Brühe noch warm, bevor sie sich gesetzt hat, über die Eier gießen, so daß diese gerade bedeckt sind. In den Kühlschrank stellen, bis das Gelee fest geworden ist. Mit gehacktem Estragon bestreuen und servieren.

Œufs en Tapenade Eier in Tapenade — Frankreich

Auch für dieses Gericht braucht man weichgekochte Eier, dazu die Tapenade (s. S. 18). Die geschälten Eier setzt man in ein Auflaufförmchen, gießt einen Löffel Tapenade darüber und serviert mit etwas gehacktem, hartgekochtem Ei.

Œufs en Aioli Eier in Knoblauchmayonnaise — Frankreich

Eine dicke Mayonnaise rühren aus 2 Eigelb, einem Teelöffel Senf, 2 zerdrückten Knoblauchzehen und etwa 275 ml Olivenöl. Eier weich kochen und jedes in ein Auflaufförmchen setzen, einen Löffel Knoblauchmayonnaise darüber geben und mit gehackter Petersilie garnieren.

Da Avocados inzwischen auch in Israel angebaut werden, sind sie auch in der Mittelmeerküche üblich geworden. Sie werden manchmal mit einem Püree aus Käse, Zwiebel, Kapern oder Oliven gefüllt, manchmal löst man aber auch das Fleisch heraus und püriert es mit anderen Zutaten. In Scheiben geschnitten verwendet man das Fleisch auch zusammen mit anderen Gemüsen. Es folgen hier verschiedene Gerichte, die im Mittleren Osten, in Griechenland, Italien und Spanien beliebt sind.

Avocado Purée — Frankreich

2 Avocados
2 Knoblauchzehen, zerdrückt
2 EL Zitronensaft
150 ml Olivenöl
Gewürze nach Geschmack

Avocado entsteinen, das Fleisch in einen Mixer geben und zusammen mit den übrigen Zutaten zu einer dicken Creme verarbeiten. Statt Olivenöl kann man die gleiche Menge Joghurt nehmen.

Puré d'Aguacate — Spanien

2 Avocados
2 Knoblauchzehen, zerdrückt
2 EL Zitronensaft
Gewürz nach Geschmack
150 ml Olivenöl
100 g Weichkäse oder Cremekäse
1 Bündel Frühlingszwiebeln, gehackt

Das Fleisch der Avocados auslösen und zusammen mit den übrigen Zutaten zu einem Brei verarbeiten.

Italien

Insalata di Pomodori, Mozzarella e Avocato
Avocado-Tomatensalat mit Mozzarella

2 Avocados
4 Tomaten
1 Stück Mozzarellakäse
2 EL Kapern
2 EL Sauce vinaigrette

Avocado schälen und entsteinen, das Fleisch in Scheiben schneiden, ebenso die Tomaten und den Mozzarella. In abwechselnden Lagen auf einer Platte anrichten. Die Kapern in die Sauce vinaigrette geben und über die Gemüse gießen.

Frankreich

Avocado-Spinatsalat

500 g junger Spinat
2 Avocados
Saft von einer Zitrone
2 Knoblauchzehen, zerdrückt
2 EL Sauce vinaigrette

Spinatblätter waschen, von den Stengeln zupfen, trocken tupfen und in eine große Schüssel legen. Avocados entsteinen, Fleisch zerschneiden und in der Mitte der Schüssel anhäufen. Knoblauch, Zitronensaft und Sauce vinaigrette miteinander mischen und über die Avocados gießen.

Israel

Avocadosalat

2 Avocados
2 Eier, hartgekocht
2 Tomaten
eine halbe Gurke
1 TL Koriander, gemahlen
3 EL Sauce vinaigrette

Avocados entsteinen, Fleisch in Scheiben schneiden und in eine Schüssel legen. Tomaten, Eier und Gurke dünn schneiden und mit den Avocados vermischen. Koriander in die Vinaigrette rühren, über den Salat gießen und gut unterheben.

Ägypten

Avocadosalat mit Orangen

2 Avocados
2 süße Orangen
2 Zwiebeln
6 bis 8 schwarze Oliven, entsteint und halbiert
2 EL Sauce vinaigrette

Orangen schälen und zerlegen, alle Kerne entfernen und in Stücke schneiden. Zwiebeln schälen und in Scheiben schneiden. Avocados entkernen und in Scheiben schneiden, Oliven zugeben und Vinaigrette. Gut vermischen.

Aquacata rellenas Gefüllte Avocados Spanien

Pro Person eine halbe Avocado. Fein gehackte Frühlingszwiebel, Kapern und etwas frisch hergestelltes Tomatenpüree mischt man mit Quark oder Cremekäse. Die Mischung in die leere Kernhöhle der Avocado füllen und mit frisch gehackten Kräutern bestreuen, z. B. Petersilie oder Schnittlauch.

Spargel

In Spanien und Italien zieht man weißen Spargel dem grünen vor und nimmt auch unbekümmert Büchsenspargel zu Vorgerichten, meist mit etwas Sauce vinaigrette. Die Franzosen mögen lieber grünen Spargel, den sie am liebsten heiß mit flüssiger Butter essen. Falls Sie am Mittelmeer leben und das Glück haben, Spargel billig bekommen zu können, ergeben sich viele Verwendungsmöglichkeiten dafür. Etwa gekochte Spargelspitzen zu einem Omelette mit Sahne. Abkühlen lassen, dann das Omelette in Stücke reißen und als Mezze genießen.
Man kann auch die Spargelspitzen in einer Sauce aus Sahne und geriebenem Parmesan erhitzen.
Oder man kann gekochten Spargel zu einem Püree verarbeiten, dieses mit Butter und Cremekäse mischen und gut gekühlt als Aufstrich für heißen Toast verwenden.

Pilzsalat Griechenland

450 g Pilze
2 EL Olivenöl
2 TL Koriander, zerdrückt
2 Lorbeerblätter
Meersalz
und schwarzer Pfeffer
Saft von einer Zitrone

Pilze waschen und in Scheiben schneiden. Öl in eine Pfanne geben und Koriander und Lorbeerblatt kurz anbraten, damit sie ihren Geschmack abgeben. Beides entfernen. Pilze und Gewürze zugeben und etwa 10 Minuten zugedeckt langsam garen. Mit dem Saft in eine Schüssel füllen und mit Zitronensaft begießen.

Spanien

Lechugas rellenas Gefüllter Kopfsalat

Einen Salatkopf mit einem festen Herz aussuchen. Die groben Außenblätter entfernen und den Stengel so herausschneiden, daß genug vom Herzen übrig bleibt, die Füllung zu halten. 125 g Pilze waschen und dünn schneiden, dann für etwa 2 Stunden in einer Mischung aus Olivenöl und Weinessig marinieren. Aus Eigelb, Senf und Olivenöl eine Mayonnaise rühren. Pilze abgießen und mit einem Eßlöffel grüne Pfefferkörner und 2 oder 3 Eßlöffel Mayonnaise vermischen. Mit dieser Mischung das Herz des Salatkopfs füllen. Für einige Zeit in den Kühlschrank stellen und servieren.

Italien

Pomodori ripieni di Riso Tomaten mit Reisfüllung

6 große Tomaten
4 EL Patna-Reis
4 EL Olivenöl
3 Knoblauchzehen, zerdrückt
2 TL Oregano
je 1 EL Basilikum und Petersilie, gehackt
Meersalz und schwarzer Pfeffer

Von den Tomaten eine Kappe abschneiden und das Innere aushöhlen. Kappen und Inneres in einem Mixer zu einem Püree verarbeiten. Püree in eine Schüssel geben und mit den übrigen Zutaten vermischen, die Hälfte des Öls zurückbehalten.
Eine feuerfeste Schüssel einölen. Die Tomaten mit der Mischung füllen und in die Schüssel setzen. Das restliche Öl über die Tomaten tröpfeln und diese im Backofen bei 200° etwa 45 Minuten garen.

Sizilien

Funghi alla Palermitana Pilze nach Art von Palermo

450 g Pilze
5 EL Olivenöl
3 Knoblauchzehen, zerdrückt
1 frische grüne Chilischote, gehackt
2 EL Petersilie, gehackt
2 TL Zitronensaft
Meersalz und schwarzer Pfeffer
3 EL Vollkornpaniermehl
25 g Butter

Alle Zutaten, außer Paniermehl und Butter, in einer Schüssel mischen und eine halbe Stunde ruhen lassen.
6 Auflaufförmchen buttern, die Pilzmischung darauf verteilen. Jedes Förmchen mit etwas Paniermehl bestreuen und mit einem Butterflöckchen besetzen. Im Backofen bei 200° etwa 15 Minuten backen.

Uova sode alla Pugliese Italien
Hartgekochte Eier nach Art von Puglia

3 EL Olivenöl
1 EL Rotweinessig
1 frische grüne Chilischote, entkernt und gehackt
2 EL Petersilie, gehackt
2 EL frische Minze, gehackt
3 Knoblauchzehen, zerdrückt
4 EL Vollkornpaniermehl
Meersalz
6 Eier, hartgekocht

Öl und Essig in eine Pfanne geben und Chili, Petersilie und Knoblauch einen Moment darin erhitzen. Das Paniermehl hineingeben und weitere 3 Minuten garen, dabei ununterbrochen rühren. Nach Geschmack salzen. Eier schälen und halbieren. Auf jede Hälfte 2 Teelöffel der Mischung geben.

Verdure fritte Ausgebackene Gemüse Italien

Es kann eine beliebige Mischung folgender Gemüse verwendet werden:

Zucchini in Stücken
Fenchel und Tomaten in Schnitzen
Pilzhüte
Blumenkohlröschen,
Auberginenscheiben
2 Eier, geschlagen
Etwas Salz und Pfeffer
200 g Vollkornpaniermehl
Öl zum Ausbacken

Blumenkohl, Fenchel und Zucchini 2 Minuten blanchieren, gut abtropfen lassen. Eier mit Salz und Pfeffer schlagen und in eine kleine Schüssel füllen. In eine andere Schüssel das Paniermehl geben. Jedes Gemüsestück zuerst in Ei, dann in Paniermehl tauchen. Einige Minuten in heißem Olivenöl schwimmend ausbacken, so daß die Außenseite kroß und braun wird.

Griechenland

Ausgebackene Gemüse

Gemüseauswahl wie im vorigen Rezept

Für den Teig:

120 g Vollkornmehl
1 TL Backpulver
1 Ei
1 EL Olivenöl
150 ml Wasser
1 EL Ouzo
je ein Viertel TL Lorbeerblatt, Oregano und Thymian, pulverisiert
Meersalz
und schwarzer Pfeffer

Alle Zutaten für den Teig in einer Rührschüssel schlagen. Eine Stunde ruhen lassen; vor Gebrauch noch einmal schlagen.
Die vorbereiteten Gemüse (einige müssen blanchiert werden, siehe voriges Rezept) in den Teig tauchen, bis sie völlig davon bedeckt sind. Dann in heißem Olivenöl schwimmend ausbacken, bis sie knusprig sind.

Salate

In den Mittelmeerländern wird wenigstens einmal am Tag ganz selbstverständlich Salat gegessen. Es ist für die meisten, zumindest im Frühjahr und im Sommer, die natürlichste Art, Gemüse zu verzehren. Doch der Begriff Salat umfaßt viele Sorten, von der griechischen Art mit Feta, schwarzen Oliven, Tomaten und Kopfsalat, der unabdingbar zu jeder Mahlzeit gehört, bis zum zitronenduftenden Getreidesalat Tabbouleh der Türkei und Nordafrikas. Zum Anmachen benutzt man in diesen Ländern meist Joghurt, während weiter nördlich, in der Provence, die Emulsion aus Eigelb und Olivenöl bevorzugt wird, die wir als Mayonnaise kennen. Oft gehören gekochte Gemüse dazu wie dicke Bohnen oder Blumenkohl, die warm mit frischen Kräutern in Öl gewendet werden. Kopfsalat wird meist die Basis für andere blättrige Gemüse, wie im Mesclun Frankreichs oder beim Venezianischen Salat Italiens. Paprika wird häufig verzehrt, entweder roh und dünn geschnitten, oder so gegrillt, daß die Außenhaut entfernt werden kann, dann geschnitten und in Öl angemacht. Und drittens auch gekocht im türkischen Pilaki. Eines der schönsten Eßerlebnisse in diesen Ländern ist es, mit einem Getränk in der Sonne vor der Taverne zu sitzen, und sei sie auch noch so bescheiden. Der Patron bringt unaufgefordert eine Platte mit frischem Gemüse, hübsch geschnitten und arrangiert und ein paar Tropfen Öl darüber, dazu einen Schnitz Zitrone. Welche Einfachheit, aber welche Fülle!

Türkei

Tabbouleh Bulgur-Salat

Dieser Salat aus dem Mittleren Osten ist seit kurzem sehr populär. Bulgur ist im Reformhaus erhältlich.

250 g Bulgur
2 Bündchen Frühlingszwiebeln
eine gute Handvoll Petersilie, gehackt
100 ml Zitronensaft
100 ml Olivenöl
Meersalz und schwarzer Pfeffer
3 Knoblauchzehen, zerdrückt

Kaltes Wasser über den Bulgur gießen; er sollte etwa 2 cm damit bedeckt sein. Eine Stunde einweichen lassen. Dann herausnehmen, Wasser auspressen. Frühlingszwiebeln fein hacken. Alle Zutaten zum Bulgur geben und durchrühren. Auf frischen Salatblättern servieren.

Marokko

Marokkanischer Möhrensalat

450 g junge Möhren, gekocht
2 rote Paprika
3 Knoblauchzehen, zerdrückt
½ TL Kreuzkümmel, gemahlen
½ Tl Koriander, gemahlen
2 EL Zitronensaft
Meersalz und schwarzer Pfeffer
4 EL Olivenöl
½ TL Tabasco-Sauce

Gewürze, Knoblauch, Zitronensaft, Öl, Tabasco, Salz und Pfeffer gut miteinander vermischen. Die roten Paprika über einer offenen Flamme (oder im Grill) garen, bis die Haut Blasen wirft und abgezogen werden kann. Am besten auf eine Gabel stecken und ständig drehen, so daß der Prozeß gleichmäßig verläuft. Enthäuten, aufschneiden, Samen herauskratzen und dünn schneiden. Die Möhren längs in dünne Streifen schneiden. Mit den Paprika auf einer Platte arrangieren und die Salatsauce darübergießen.

Ensalada de Pimiento Mezclado Farbiger Paprikasalat — Spanien

je 2 rote, gelbe und grüne Paprika
2 Knoblauchzehen, zerdrückt
2 EL Zitronensaft
4 EL Olivenöl
1 TL Kreuzkümmel, gemahlen
½ TL Tabasco-Sauce
Meersalz
und schwarzer Pfeffer

Paprikaschoten vorbereiten wie im vorigen Rezept. Stengelansätze ausschneiden, Samen entfernen, dann in dünne Streifen schneiden. In farbigen Bändern auf einer Platte auslegen.
Die restlichen Ingredienzen miteinander vermischen und über die Paprika gießen. Gekühlt servieren.
Hinweis: Es gibt jetzt als neue Variante schwarze Paprika gelegentlich zu kaufen. Sie läßt sich genauso verwenden.

Pommes de Terre à la Mayonnaise Kartoffelsalat — Frankreich

500 g festkochende Kartoffeln
1 Bund Frühlingszwiebeln oder Schnittlauch
2 EL Olivenöl
1 EL Zitronensaft
2 Eigelb
1 TL Moutarde de Meaux (frz. Senf)
250 ml Olivenöl
250 ml Joghurt
Meersalz
und schwarzer Pfeffer

Zwei Eßlöffel Olivenöl, den Zitronensaft mit etwas Salz und Pfeffer in einer großen Schüssel vermischen. Kartoffeln in der Schale kochen und abgießen. Noch warm schälen und vierteln. In die Schüssel geben. Frühlingszwiebeln fein hacken und zu den Kartoffeln geben. Zur Herstellung der Mayonnaise den Senf mit den Eigelb verrühren, dann das Olivenöl tropfenweise unter Rühren zugeben. Mit Salz und Pfeffer würzen und abschmecken. Möglicherweise fehlt noch etwas zerdrückter Knoblauch. Reichlich Mayonnaise über die Kartoffeln geben und mischen, damit es ein Festessen wird. Schmeckt vorzüglich auf knackigem Lattich.

Frankreich

Salade provençale

Einer der berühmtesten Salate der Welt ist der Salade Niçoise, eine disparate Mischung aus Kopfsalat, schwarzen Oliven, Gurken, Anchovis, Thunfisch und hartgekochten Eiern. Er stammt aus der Provençe, wo es viele Versionen davon gibt. Für ein Mittagessen höhlt man z. B. manchmal einen runden Brotlaib halb aus, füllt den Salat hinein, setzt ein Gewicht darauf und stellt das Ganze über Nacht in den Kühlschrank. Das Brot kann dann wie ein Kuchen aufgeschnitten werden. Das könnte man auch mit dem folgenden Salat tun, der eine vegetarische Version der provençalischen Salate ist.

1 Kopfsalat, frisch
12 schwarze Oliven, entsteint und halbiert
125 g grüne Bohnen, gekocht
175 g Tofu (Sojabohnenquark)
½ Gurke
4 Tomaten
3 Knoblauchzehen, zerdrückt
1 Bund Frühlingszwiebeln
3 Eier, hartgekocht
2 EL Kapern
3 EL Olivenöl
1 EL Zitronensaft
Pflanzenöl zum Braten
2 EL Sojasoße
Meersalz und schwarzer Pfeffer

Salat verlesen, Blätter in einer großen Schüssel ausbreiten. Gurke, Tomate und Frühlingszwiebeln in Scheiben schneiden und über den Salatblättern verteilen, ebenso die Oliven, Eier vierteln und zufügen. Tofu in Würfel schneiden und im Pflanzenöl braten, bis er kroß ist. Sojasoße zugeben, die Hitze verstärken und braten, bis der Tofu die Soße aufgesogen hat. Knoblauch, Zitronensaft und Olivenöl unter die grünen Bohnen heben. Die Tofustücke über dem Salat verteilen, die Sauce mit den Bohnen über das Gericht gießen und servieren.

Frankreich

Salade de grosse Fève Dicke Bohnen-Salat

500 g junge dicke Bohnen
je eine Handvoll Minze und Petersilie, gehackt
1 Knoblauchzehe, zerdrückt
3 EL Olivenöl
1 EL Zitronensaft
Meersalz und schwarzer Pfeffer

Bohnenkerne aus der Schale nehmen und knapp gar kochen. Die übrigen Zutaten vermischen. Bohnen abgießen und noch warm mit der Salatsoße und den Kräutern vermischen.

Spinatsalat mit Joghurt Ägypten

500 g Spinat, frisch
150 ml Joghurt
1 Knoblauchzehe, zerdrückt
1 EL grüne Pfefferkörner
Meersalz

Die Spinatstengel abschneiden und das Gemüse mit dem anhängenden Waschwasser in einen Topf geben. Zwei Minuten unter Rühren kochen; der Spinat soll nicht mehr roh, aber auch nicht gar sein. Vom Feuer nehmen. Knoblauch, Salz und Pfefferkörner mit dem Joghurt vermischen. Spinat in eine Schüssel geben, die Soße darübergießen, gut unterheben und servieren.

Salat von rohen Roten Beten Malta

250 g Rote Bete
2 EL Olivenöl
2 EL Zitronensaft
150 ml Joghurt
Meersalz
und schwarzer Pfeffer

Rote Bete schälen, raffeln und in eine Schüssel geben. Die übrigen Zutaten miteinander vermischen und über die Rote Bete gießen. Gut unterheben und servieren.

Insalata di Zucchini piccoli Salat aus jungen Zucchini Italien

Ganz junge Zucchini pflücken, sie sollten noch die gelbe Blüte tragen. Je 3 Zucchini pro Person zweimal der Länge nach zur Blüte hin teilen, aber nicht durchschneiden, so daß jede Frucht einer altertümlichen Wäscheklammer ähnelt. Zwei bis drei Minuten dämpfen. Eine Salatsoße anrühren wie zu Dicke-Bohnen-Salat (s. S. 34). Über die Zucchini gießen, im Kühlschrank kalt werden lassen, dann servieren.

Piaz Türkei

250 g grüne Bohnen, gekocht
6 schwarze Oliven, entsteint und halbiert
2 Eier, hartgekocht
2 Tomaten
3 Knoblauchzehen, zerdrückt
3 EL Olivenöl
1 EL Zitronensaft
Meersalz
und schwarzer Pfeffer

Bohnen mit den Oliven in eine Schüssel geben. Eier und Tomaten in Scheiben schneiden und zugeben. Knoblauch, Zitronensaft und Olivenöl miteinander vermischen, über die Bohnen gießen und gut unterheben. Einige Stunden stehen lassen, damit die Bohnen die Aromen aufnehmen.

Griechenland

Griechischer Salat

450 g Tomaten
½ Gurke
10 schwarze Oliven, entsteint und halbiert
175 g Feta-Käse
3 EL Olivenöl
1 TL Weinessig
Meersalz und schwarzer Pfeffer
2 EL Majoran, gehackt

Tomaten in Viertel schneiden, Gurke in Stücke, Käse in Würfel. Zusammen mit den übrigen Zutaten in eine Schüssel geben und gut vermischen.

Italien

Pomodoro, Finocchio e Mozzarella
Tomate und Fenchel mit Mozzarella

450 g Tomaten
2 Fenchelknollen
2 Stücke Mozzarella-Käse
3 EL Olivenöl
1 EL Rotweinessig
3 EL Basilikum, fein gehackt
Meersalz und schwarzer Pfeffer

Tomaten, Fenchel und Mozzarella in Scheiben schneiden und lagenweise auf einer Platte auslegen. Das Basilikum darüber verteilen. Aus den übrigen Zutaten die Salatsoße mischen und darübergießen. Gekühlt servieren.

Türkei

Pilaki

3 große Zwiebeln
4 Tomaten
2 grüne Paprika
2 rote Paprika
2 gelbe Paprika
15 bis 20 Knoblauchzehen, ganz
1 TL Kreuzkümmel
1 TL Oregano
½ TL Koriander, zerdrückt
½ TL Tabasco-Soße
Meersalz
175 ml Olivenöl
175 ml Wasser

Samen und Scheidewände aus den Paprikaschoten entfernen, dann in Streifen schneiden. Zwiebeln vierteln, Tomaten halbieren, Knoblauch schälen. Das Öl in einer großen Pfanne erhitzen, zunächst die Gewürze zugeben, dann die Gemüse und 4 Minuten lang rühren.
Tabasco mit dem Wasser mischen und diese Flüssigkeit nach und nach dem Öl zugeben. Das Salz darüber streuen, Hitze verringern und das Gemüse simmern lassen, bis es gar ist. Das dauert etwa 15 Minuten. Das Gericht wird kalt gegessen und schmeckt am besten, wenn es 24 Stunden geruht hat.

Kichererbsensalat Ägypten

450 g Kichererbsen
2 Möhren, roh
2 Rote Bete, roh
2 weiße Rüben, roh
1 EL Honig
1 TL Currypulver
1 TL Garam masala (indisches Gewürz)
Meersalz
und schwarzer Pfeffer
5 EL Olivenöl
2 EL Zitronensaft
Zitronenschale

Kichererbsen über Nacht einweichen. In reichlich Wasser weich kochen, etwa 2 Stunden. Gut abtropfen lassen. Die Gemüse raffeln und mit den Kichererbsen vermischen. Öl erhitzen, Currypulver und Garam masala zufügen und unter Rühren ein paar Minuten erhitzen. Abkühlen lassen, dann Zitronensaft und -schale, Honig, Salz und Pfeffer zugeben. Über den Salat gießen und mindestens 2 Stunden ziehen lassen. Es schadet aber auch nicht, wenn man das Gericht erst am nächsten Tag ißt.

Ful-Bohnen-Salat Ägypten

250 g Ful-Bohnen
1 Bund Frühlingszwiebeln
3 EL Kapern
eine gute Handvoll
frische Minze, gehackt
5 Knoblauchzehen, zerdrückt
eine gute Handvoll
frische Petersilie, gehackt
½ TL Meersalz
schwarzer Pfeffer,
frisch gemahlen
Saft und Schale einer Zitrone
75 ml Olivenöl

Ful-Bohnen über Nacht einweichen. In reichlich Wasser weich kochen. Gut abtropfen lassen und in eine große Schüssel füllen. Frühlingszwiebeln hacken und zusammen mit den übrigen Zutaten zu den Bohnen geben. Gut durchmischen und ein paar Stunden stehen lassen.

Türkei

Linsensalat

350 g grüne Linsen
6 Schalotten
2 Lorbeerblätter
Schale und Saft einer Zitrone
3 EL Olivenöl
½ TL Kreuzkümmel, gemahlen
½ TL Koriander, gemahlen
Meersalz
und schwarzer Pfeffer

Linsen in kaltem Wasser eine Stunde einweichen. Schalotten schälen und vierteln, zusammen mit der Zitronenschale und den Lorbeerblättern zu den Linsen geben. Etwa 30 Minuten kochen; die Linsen sollten gar sein, aber nicht zu Püree zerfallen. Abgießen, Zitronenschale und Lorbeerblätter wegwerfen. Olivenöl, Zitronensaft und Gewürze zugeben und unterrühren. Mit etwas Petersilie und gehackter Minze garnieren.

Griechenland

Salata mi Fasolya Prasina Grüne Bohnen-Salat

450 g Bohnen
4 bis 5 Schalotten
3 Tomaten
eine gute Handvoll Petersilie, gehackt
Saft und Schale einer Zitrone
75 ml Olivenöl
Meersalz
und schwarzer Pfeffer

Bohnen abfädeln und in etwa 5 cm lange Stücke schneiden. In leichtem Salzwasser eben gar kochen. Tomaten in Scheiben, Schalotten in sehr dünne Scheiben schneiden. Bohnen abgießen und mit den Tomaten und Schalotten in eine Schüssel geben. Zitronensaft, Olivenöl und Gewürze miteinander vermischen und über die Gemüse gießen. Mit Petersilie garniert servieren.

Kichererbsen-Salat mit Bulgur

Libanon

250 g Kichererbsen
100 g Bulgur
ein Bund Frühlingszwiebeln
100 g Tomatenpüree (Tube)
3 EL Olivenöl
Saft und Schale einer Zitrone
Meersalz
und schwarzer Pfeffer
eine Handvoll Petersilie, gehackt

Kichererbsen über Nacht einweichen, dann in reichlich Wasser gut 2 Stunden kochen. Bulgur in eine Schüssel füllen und mit etwas Kochwasser von den Kichererbsen übergießen, so daß der Weizen gut 2 cm bedeckt ist. Eine Stunde einweichen lassen. Von den Kichererbsen das restliche Kochwasser abgießen. Olivenöl und Tomatenpüree zum Gemüse geben und für ein paar Minuten leise kochen lassen. Frühlingszwiebeln hacken und zum Bulgur geben, dann auch die Kichererbsen mit ihrer Soße. Zitronensaft und -schale zufügen, gut durchmischen, und mit Petersilie bestreut servieren.

Salat von weißen Bohnen

Türkei

250 g weiße Bohnenkerne
2 Zwiebeln
2 Eier
2 Tomaten
12 schwarze Oliven
Saft und Schale einer Zitrone
4 EL Olivenöl
Meersalz
und schwarzer Pfeffer

Bohnen über Nacht einweichen, dann etwa eine Stunde kochen; sie sollen gerade weich sein. Eier hartkochen, schälen und in Scheiben schneiden. Zwiebeln und Tomaten in dünne Scheiben schneiden. Oliven entsteinen und halbieren. Bohnen sorgfältig abgießen, die restlichen Zutaten zufügen und den Salat vorsichtig mischen, damit nichts zerfällt.

Marokko

Würziger Gurkensalat

1 große Gurke
5 bis 6 Schalotten
3 Chilischoten
50 g Ingwerwurzel, frisch
4 EL Olivenöl
1 EL Rotweinessig
Meersalz

Schalotten schälen und fein schneiden, Chilis ebenso fein schneiden. Ingwerwurzel schälen und reiben. Alles zum Olivenöl geben, ebenso Essig und Salz, gut vermischen. Die ungeschälte Gurke in Würfel von etwa 1 cm Kantenlänge schneiden, zur Marinade geben und ein paar Stunden durchziehen lassen.

Anmerkung:
das ist eine ziemlich scharfe Angelegenheit und eigentlich mehr eine würzige Beilage als ein Salat.

Griechenland

Jajiki Gurkensalat mit Joghurtsoße

Diesen Salat gibt es im ganzen Mittleren Osten, in Griechenland ist er jedoch besonders erfrischend.
Die ungeschälte Gurke der Länge nach in 8 Streifen, dann quer in etwa 1 cm lange Stücke schneiden. In ein Sieb geben und mit Salz bestreuen. 2 Stunden lang stehen lassen, damit der Gurke möglichst viel Wasser entzogen wird. Dann unter fließendem Wasser das Salz abwaschen. Eine Handvoll frische Minze hacken und über die Gurken streuen, etwas Pfeffer aus der Mühle darüber mahlen und mit so viel Joghurt begießen, daß eine deftige Soße entsteht.

Ägypten

Michoteta

250 g Weichkäse
(Feta ist am besten)
1 Gurke
Saft und Schale einer Zitrone
3 EL Olivenöl
2 Zwiebeln
Meersalz
und schwarzer Pfeffer

Den Käse in eine Schüssel legen und mit einer Gabel das Olivenöl und die Zitronenwürze einarbeiten. Gurke in Würfel, Zwiebeln dünn schneiden und beides zum Käse geben. Mit Pfeffer und Salz würzen; wenn man Feta verwendet, braucht man kein Salz.

Stangensellerie mit Weichkäse Malta

250 g Weichkäse	*2 EL Olivenöl*
150 ml Joghurt	*1 Stangensellerie*
Saft und Schale einer Zitrone	*Meersalz und weißer Pfeffer*

Weichkäse mit Joghurt, Zitronenwürze, Olivenöl, Salz und Pfeffer vermischen. Stangensellerie fein hacken, zur Marinade geben, gut untermischen und servieren.

Toureto Israel

6 Scheiben Vollkornbrot	*Saft und Schale einer Zitrone*
1 große Gurke	*1 TL Paprika*
3 Knoblauchzehen, zerdrückt	*Meersalz*
3 EL Olivenöl	*und schwarzer Pfeffer*

Brot für eine Stunde in Wasser einweichen, dann das Wasser ausdrücken und die Scheiben in einen Mixer geben. Die Gurke in Stücke schneiden und zusammen mit den übrigen Zutaten in den Mixer geben. Alles zu einem Püree verarbeiten und mit Petersilie garniert servieren.

Salade de Pissenlits Löwenzahnsalat Frankreich

Nur junge Löwenzahnblättchen pflücken und in einer einfachen Marinade aus Knoblauch, Essig und Öl mit Salz und Pfeffer anrichten. Nach Wunsch kann man Blätter von anderen Salaten zufügen.
(Anmerkung des Übersetzers: wesentlich feiner als wilder Löwenzahn schmecken die Blätter des Gartenlöwenzahns.)

Salade Mesclun Frankreich

Dieser Salat setzt sich aus vielen kleinen grünen Pflanzen zusammen, wie sie auf den Märkten Südfrankreichs als Bündchen verkauft werden, vor allem aus den Jungpflanzen, wie sie beim Verziehen von Salat und Spinat anfallen. Dazu können noch kommen Chicorée, Senfkohl, Portulak, Feldsalat und Löwenzahn. Mit einer Knoblauchmarinade wird dort daraus ein Vorgericht, zu dem man auch noch Knoblauchcroutons reichen kann.

Frankreich

Salade rouge à la Languedocienne

1 kleiner Kopf roter Salat
1 Kopf krause Endivie (Frisée)
1 kleines Bündchen Senfkohl
75 g Gruyère-Käse, gewürfelt
1 TL frisches Bohnenkraut, gehackt
2 EL Olivenöl
1 TL Rotweinessig
Meersalz und schwarzer Pfeffer

Die Salatblätter in einer großen Schüssel auslegen und das Bohnenkraut darüber verteilen. Den Käse in Würfel von 1 cm Kantenlänge schneiden und ebenfalls über den Salat geben. Öl, Essig und Gewürze verrühren, erst unmittelbar vor dem Servieren über den Salat gießen und unterheben.

Frankreich

Salade de Riz

250 g Naturreis
1 Zitrone
4 bis 5 Tomaten
1 grüne und 1 gelbe Paprika
je 2 EL Schnittlauch und Estragon, gehackt
2 Eier, hartgekocht
geriebener Muskat, großzügig bemessen
4 EL Olivenöl
1 EL Estragonessig
Meersalz und schwarzer Pfeffer

Zitrone schälen, Saft auspressen. Beides zusammen mit einer Prise Salz in das Kochwasser für den Reis geben. Reis weich kochen, etwa 40 Minuten. Abtropfen lassen, Zitronenschale entfernen. Reis im Backofen bei schwacher Hitze trocken werden lassen. Die Samen aus den Paprika entfernen, dann in Ringe schneiden, Tomaten und Eier ebenso. Den getrockneten Reis in eine Schüssel füllen, Gemüse darauflegen, dann Muskat, Schnittlauch und Estragon zugeben. Öl und Essig mit den Gewürzen vermischen und über den Salat gießen.

Wintersalat Italien

Wer im Winter Venedig besucht, wird diesen Salat sicher bekommen. Er basiert auf den roten Blättern des Radicchio, aber es gibt noch andere Sorten: eine dunkelrote, die fast purpurn aussieht, eine grün-rot gefleckte, eine gestreifte rote, außerdem gibt es rosafarbenen und grünen Trevisio. Alle diese Sorten werden oft miteinander vermischt in einer Vinaigrette serviert. Mittlerweile gibt es zumindest einige dieser Salate häufiger auch bei uns; sie wachsen auch in unserem Klima, nur fällt ihre Farbe bei Kälte etwas dunkler aus. Wer einen Garten hat, sollte den Versuch wagen, er lohnt.

Dicke Bohnensalat mit Basilikum Griechenland

450 g junge dicke Bohnen, frisch aus der Schote
1 Bündchen Frühlingszwiebeln
10 schwarze Oliven, entsteint und halbiert
3 EL frisches Basilikum, gehackt
5 EL Olivenöl
2 EL Zitronensaft
Meersalz und schwarzer Pfeffer

Bohnen in schwach gesalzenem Wasser garkochen, etwa 8 Minuten. Gut abtropfen lassen. Öl, Zitronensaft und Gewürze in eine Salatschüssel geben, dicke Bohnen und Oliven dazutun. Frühlingszwiebeln hacken und ebenfalls beigeben. Gut unterheben, mit Petersilie bestreut servieren.

Rotkohlsalat Malta

1 mittelgroßer Rotkohl
1 Staudensellerie
2 Kochäpfel
150 ml Olivenöl
2 EL Rotweinessig
1 EL Moutarde de Meaux (frz. Senf)
3 Knoblauchzehen, zerdrückt
Meersalz und schwarzer Pfeffer

Die letzten fünf Ingredienzen in einer großen Schüssel zu einer Salatsoße verrühren. Rotkohl vierteln, Strunk herausschneiden, Kohl in die Soße raffeln, ebenso die beiden Äpfel. Beides gut unterheben, sie sollten von Soße bedeckt sein. Stangensellerie hacken, zugeben, gut vermischen und servieren.

Malta

Spinatsalat mit Pilzen

350 g junge Spinatblätter
250 g Pilze
1 Bund Frühlingszwiebeln
2 EL Petersilie, gehackt
150 ml Olivenöl
1 EL Rotweinessig
1 EL Zitronensaft
3 Knoblauchzehen, gehackt
Meersalz
und schwarzer Pfeffer

Die letzten fünf Zutaten in einer großen Schüssel vermischen. Pilze putzen, in Scheiben schneiden und mit den gehackten Frühlingszwiebeln an die Salatsoße geben. Die Stengel von den Spinatblättern zupfen, Blätter in die Schüssel geben, Petersilie darüberstreuen. Gut unterheben und servieren.

Frankreich

Célerie de Corse Korsischer Selleriesalat

1 mittelgroßer Knollensellerie
6 Artischockenböden, gekocht
300 ml Mayonnaise
2 EL Petersilie, gehackt
Meersalz
und schwarzer Pfeffer

Sellerie schälen und in streichholzdünne Streifen (Julienne) schneiden. In eine Schüssel legen, kochendheißes Wasser darüber gießen und eine Minute stehen lassen. Abgießen und abtropfen lassen. Artischockenböden ebenfalls in Julienne-Streifen schneiden, in die Schüssel geben und mit allen anderen Zutaten vermischt servieren.

Italien

Insalata di Finocchio Fenchelsalat

3 Fenchelknollen
5 EL Olivenöl
2 EL Zitronensaft
1 EL Minze, gehackt
Meersalz
und schwarzer Pfeffer

Fenchelknollen putzen, zähe äußeren Blätter wegwerfen, dann quer in dünne Scheiben schneiden. Die übrigen Zutaten in einer Salatschüssel vermischen, Fenchel zufügen. Gut unterheben und servieren.

Suppen

Soupe à l'Ail Knoblauchsuppe

Frankreich

4 Knoblauchknollen	*Meersalz*
150 ml Olivenöl	*und schwarzer Pfeffer*
3 Eigelb	*1,2 l Gemüsebrühe*

Knoblauch putzen und schälen; sind die Knollen dick, die einzelnen Zehen in dünne Scheiben schneiden. Olivenöl in eine Pfanne geben und den Knoblauch darin ein paar Minuten anbraten. Gemüsebrühe zugeben und die Suppe eine halbe Stunde schwach kochen lassen. Suppe vom Feuer nehmen und abkühlen lassen. Probieren und wenn nötig nachwürzen. Die Eigelb einrühren, Suppe wieder erhitzen, bis sie dick zu werden beginnt.

Für Knoblauchsuppe gibt es in Frankreich, Spanien und Italien viele verschiedene Rezepte; hier folgen einige Varianten.

Knoblauchsuppe mit Safran und Kartoffeln I

Spanien

Knoblauchsuppe zubereiten wie oben, doch ohne Eigelb. Sobald Knoblauch und Gemüsebrühe vermischt sind, Suppe vom Feuer nehmen, 3 geschälte und gewürfelte Kartoffeln sowie eine Prise Safran zugeben. Weitere 20 Minuten schwach kochen lassen; die Kartoffeln sollten gar sein. Mit gehackter Petersilie bestreut servieren.

Knoblauchsuppe mit frischen Kräutern II

Frankreich

Knoblauch und Brühe bereiten wie im vorigen Rezept, dann jedoch je einen Viertel Teelöffel Lorbeerblatt, Bohnenkraut, Thymian und einen halben Teelöffel Origano, alles zerdrückt, zufügen. Wieder 20 Minuten simmern lassen, dann vier Eigelb zugeben.

Spanien

Knoblauchsuppe mit pochiertem Ei III

Sobald Knoblauch und Brühe vermischt sind (s. vorige Rezepte), wieder bis zum Simmern erhitzen. Pro Person ein Ei aufschlagen, vorsichtig in die Suppe gleiten und ein paar Minuten pochieren. Pro Kopf eine Scheibe Weißbrot toasten, in die Suppenteller legen, Suppe darübergießen und mit dem Schaumlöffel auf jede Scheibe ein Ei legen. Mit gehackter Petersilie und etwas geriebenem Parmesan garnieren.

Frankreich

Soupe au Pistou

125 g weiße Bohnen (vorher einweichen und abtropfen lassen)
2 l Wasser
3 mittelgroße Möhren, gewürfelt
3 mittelgroße Kartoffeln, gewürfelt
3 mittelgroße Zucchini, gehackt
2 Stangen Porree, gehackt
500 g Tomaten, geschält
125 g grüne Bohnen
125 g Erbsen, frisch aus der Schale
75 g dünne Nudeln
1 Bouquet garni
Meersalz und schwarzer Pfeffer

Die Bohnen in dem Wasser eine Stunde kochen, dann die übrigen Gemüse und das Bouquet garni zufügen und weitere 45 Minuten simmern lassen. Eventuell Wasser nachgießen. Nudeln zugeben und weitere 10 Minuten simmern. Bouquet garni entfernen, abschmecken und evtl. nachwürzen. Suppe vom Feuer nehmen und in eine Servierschüssel füllen. Jetzt die Pistou-Soße (s. unten) einrühren und servieren. Auf dem Tisch sollte eine Schale mit frisch geriebenem Parmesan zum Bestreuen bereit stehen.

Pistou-Soße

20 Basilikumblätter
3 Knoblauchzehen, zerdrückt
100 g Parmesan, frisch gerieben
80 ml Olivenöl
Meersalz und schwarzer Pfeffer

Basilikum und Knoblauch in einen Mixer geben, Öl darübergießen und zu einem dünnen grünen Püree verarbeiten. Gewürze und Käse zugeben, so daß sich eine dicke Soße ergibt. Paßt auch vorzüglich zu Nudeln.

Zuppa di Cavolo Kohlsuppe — Italien

1 Weißkohl
2 Zwiebeln
1 Stangensellerie
Meersalz
und schwarzer Pfeffer
250 g Wachtelbohnen
1 Handvoll Basilikum, frisch gehackt
3 EL Olivenöl

Bohnen über Nacht einweichen, dann weichkochen, etwa 2 Stunden. Zwiebeln, Stangensellerie und Weißkohl hakken, in einem anderen Topf das Olivenöl erhitzen, das Gemüse zugeben, umrühren und Topf zudecken. Über kleiner Flamme etwa 10 Minuten im eigenen Saft garen lassen.
Die Hälfte der Bohnen mit ihrer Kochflüssigkeit im Mixer zu einem dünnen Püree verarbeiten und zusammen mit den restlichen Bohnen in den Gemüsetopf geben. Gut umrühren. Hitze verstärken und das Gericht einige Augenblicke simmern lassen. Dann vom Feuer nehmen und das Basilikum zugeben.

Zuppa di Cannellini con Aglio — Italien
Knoblauchsuppe mit Bohnen

450 g weiße Bohnen
1 Knolle Knoblauch
1 Zweig Lorbeerblätter
1,7 l Selleriebrühe
1 Handvoll frische Petersilie
1 TL Oregano, getrocknet
Meersalz
und schwarzer Pfeffer
4 EL Olivenöl

Bohnen über Nacht einweichen; mit den Lorbeerblättern und dem Oregano in der Selleriebrühe weichkochen, das dauert etwa 1½ Stunden. Topf zudecken und alle 15 Minuten prüfen, ob noch genügend Brühe vorhanden ist. Sollten die Bohnen die Brühe aufgesaugt haben, Wasser nachgießen.
Öl in einem Topf erhitzen. Die Knoblauchzehen schälen, in Scheibchen schneiden und im heißen Öl ein paar Minuten sautieren. Lorbeerblätter aus dem Bohnentopf fischen und wegwerfen. Bohnen zu Öl und Knoblauch geben, mit Salz und Pfeffer abschmecken und die gehackte Petersilie einrühren.

Frankreich

Potage cressonière à la Crème
Brunnenkresse-Cremesuppe

650 g Kartoffeln
2 Bündchen Brunnenkresse
1,7 l Wasser
275 ml Crème fraîche
2 Eigelb
Meersalz und weißer Pfeffer

Kartoffeln schälen und würfeln. Stengel der Brunnenkresse abschneiden und mit den Kartoffeln im Wasser garen, etwa 15 Minuten. Stengel wegwerfen. Kartoffeln mit dem Kochwasser in einen Mixer geben, die Blätter der Brunnenkresse, die Crème und die Eigelb. Zu einem grünen Püree verarbeiten und mit Salz und Pfeffer abschmekken. In den Topf zurückgeben und vorsichtig wieder erwärmen, die Suppe darf nicht kochen.

Spanien

Gazpacho

450 g Tomaten
2 Zwiebeln
2 Knoblauchzehen, zerdrückt
2 Paprikaschoten
1 Gurke
2 EL Weinessig
1 TL Paprikapulver
Meersalz
und schwarzer Pfeffer

Tomaten in einen Mixer geben und zu einer glatten Flüssigkeit verarbeiten. Gehackte Zwiebeln zugeben und ebenfalls verarbeiten. Paprika zerschneiden, Samen und Samenstände entfernen und ebenfalls in den Mixer geben, zusammen mit den zerdrückten Knoblauchzehen. Essig, Paprikapulver und Gewürze zugeben und alles verarbeiten. Suppe in eine Schüssel füllen und mindestens für zwei Stunden in den Kühlschrank stellen. Gurke in den Mixer geben und zu einem dünnen Püree verarbeiten und an die Suppe geben. Vor dem Auftragen mehrere Eiswürfel in die Suppe geben.

Gazpacho Marina Spanien

450 g Tomaten
2 Zwiebeln
50 g Mandeln, blanchiert und geschält
3 Schnitten Vollkornbrot
150 ml Olivenöl
2 EL Rotweinessig
1 Gurke
Meersalz und schwarzer Pfeffer

Tomaten, Zwiebeln und Gurke im Mixer miteinander verarbeiten wie im vorigen Rezept. In eine Schüssel gießen. Olivenöl und Mandeln zusammen im Mixer verarbeiten, bis die Mandeln zerkleinert sind. Eine Tasse Wasser, den Essig, die Gewürze und die Brotscheiben zufügen und mixen, bis alles zerfallen ist. Zur Suppe geben und abschmekken. Gut gekühlt servieren.

Sopa de Crema de Setas Pilzcremesuppe Spanien

225 g Pilze
1 Zwiebel
1,2 l Gemüsebrühe (Würfel)
3 EL Olivenöl
2 Eidotter
75 g frisches braunes Paniermehl
150 ml Crème fraîche
Meersalz und schwarzer Pfeffer

Zwiebeln und Pilze in Scheiben schneiden. Das Öl in einer Pfanne erhitzen, Zwiebeln, Pilze und Paniermehl ein paar Minuten garen. Gemüsebrühe zufügen und 15 Minuten simmern lassen. Suppe in einem Mixer zu einem dünnen Püree verarbeiten. Eidotter und Crème fraîche vermischen. Suppe in die Pfanne zurückgeben, die Eiercreme zugeben und vorsichtig erhitzen. Nicht kochen lassen! Mit Knoblauchcroutons und etwas gehackter Petersilie servieren.

Potage Crecy Möhrensuppe Frankreich

450 g junge Möhren
3–4 Schalotten
50 g Butter
1200 ml Gemüsebrühe
eine Prise Muskat
2 EL Crème fraîche
Meersalz und schwarzer Pfeffer

Möhren und Schalotten in Scheiben schneiden. Butter in einem Topf schmelzen lassen und die Gemüse darin ein paar Minuten garen. Muskat und Brühe zufügen und 20 Minuten simmern lassen. Suppe abkühlen lassen, dann die Crème und die Gewürze zugeben und vorsichtig wieder erhitzen. Nicht kochen, die Suppe gerinnt sonst.

Frankreich

Creme Toulougoise Creme von Kartoffeln und Zwiebeln

225 g Kartoffeln
225 g Zwiebeln
2 große Stangen Porree
50 g Butter
1200 ml Gemüsebrühe
eine Handvoll Petersilie, gehackt
150 ml einfache Sahne
Meersalz
und schwarzer Pfeffer

Alle Gemüse in Scheiben schneiden und in der Butter ein paar Minuten garen. Gemüsebrühe zufügen und 20 Minuten simmern. Suppe abkühlen lassen, dann die Sahne einrühren. Vorsichtig wieder erhitzen, kurz vor dem Auftragen die Petersilie zugeben.

Frankreich

Purée Leontine

900 g Porree
225 g Spinat
225 g frische grüne Erbsen
je 2 EL Petersilie und Minze, gehackt
1 Kopf Salat
150 ml Olivenöl
Saft von 2 Zitronen
1200 ml Gemüsebrühe
Meersalz
und schwarzer Pfeffer

Olivenöl in einem Topf erhitzen. Porree, Spinat und Salat in Stücke schneiden und mit den Erbsen zum Öl geben. Über kleiner Flamme 10 Minuten simmern. Zitronensaft und Gemüsebrühe zugeben und weitere 10 Minuten garen. Dann abkühlen lassen und im Mixer oder mit dem Pürierstab zu einem glatten Püree verarbeiten. Gewürze einrühren und wieder erhitzen.

Ägypten

Beid bi Lamoun Eier-Zitronensuppe

1,7 l Selleriebrühe
50 g Reis
3 Eidotter
Saft und Schale von 3 Zitronen
3 EL Petersilie, gehackt
Meersalz
und schwarzer Pfeffer

Brühe erhitzen, geriebene Zitronenschale und den Reis zugeben und simmern, bis der Reis gar ist. Zitronensaft zur Brühe geben. Eier in einem tiefen Teller mit etwas Brühe schlagen und an die Brühe geben. Ununterbrochen rühren, bis die Suppe zu dicken beginnt. Abschmecken und evtl. nachwürzen. Kräuter zugeben und servieren.

Linsensuppe Türkei

225 g rote Linsen
50 g Butter
1 Zwiebel, gehackt
1,7 l Selleriebrühe
1 TL Kreuzkümmel, gemahlen
Saft einer Zitrone
Meersalz und schwarzer Pfeffer

Butter in einem Topf schmelzen lassen, Linsen, Zwiebel und Kreuzkümmel zugeben und 2 Minuten garen. Dann Gemüsebrühe und Zitronensaft zufügen und 20 bis 30 Minuten simmern. Die Linsen sollten weich sein. Abkühlen lassen, im Mixer oder mit dem Pürierstab pürieren oder durch ein Sieb streichen. Wieder erwärmen und mit beliebigen Kräutern garnieren.

Labaneya Spinatsuppe mit Joghurt Ägypten

450 g frischer Spinat
2 Zwiebeln, gehackt
4 Frühlingszwiebeln
2 Knoblauchzehen, zerdrückt
3 EL Olivenöl
275 ml Joghurt
Meersalz und schwarzer Pfeffer
1,7 l Selleriebrühe

Öl in einem Topf erhitzen, Spinat hacken und zusammen mit den Zwiebeln zugeben. Decke auflegen und 10 Minuten garen. Knoblauch unter die Joghurt mischen. Gemüsebrühe zum Spinat geben und weitere 10 Minuten garen. Abkühlen lassen, dann pürieren, dabei die Knoblauch-Joghurt untermischen. Vorsichtig wieder erwärmen, dabei die gehackten Frühlingszwiebeln beigeben. Abschmecken und evtl. nachwürzen.

Heiße Gurkensuppe Griechenland

450 g Kartoffeln
2 Gurken
2 Zwiebeln
1200 ml Selleriebrühe
570 ml Milch
eine Handvoll Schnittlauch, gehackt
Meersalz und schwarzer Pfeffer

Kartoffeln schälen und würfeln. Zwiebeln in Scheiben schneiden, beides in der Brühe weich kochen. Suppe abkühlen lassen, zu einem dünnen Püree verarbeiten und zurück in den Topf geben. Gurken in die Suppe raffeln, die Milch zugeben. Vorsichtig wieder erwärmen; Kräuter kurz vor dem Auftragen zugeben.

Türkei

Splittererbsensuppe

225 g gelbe, getrocknete Splittererbsen (Reformhaus)
2 Zwiebeln, gehackt
3 Knoblauchzehen, zerdrückt
Saft einer Zitrone
1 TL Kreuzkümmel, gemahlen
1 TL Koriander, gemahlen
1,7 l Selleriebrühe
2 EL Petersilie, gehackt
Meersalz und schwarzer Pfeffer

Erbsen über Nacht einweichen, abgießen. Butter in einem Topf zum Schmelzen bringen, Zwiebeln, Gewürze, Knoblauch und Erbsen zugeben und ein paar Minuten garen. Gemüsebrühe zugeben und simmern, bis die Erbsen gar sind, etwa eine Stunde. Mehr Brühe oder Wasser zugeben, wenn die Erbsen am Topfboden anzukleben drohen. Suppe abkühlen lassen und Zitronensaft zugeben. Wieder erwärmen und kurz vor dem Servieren Petersilie aufstreuen.

Türkei

Spinatsuppe

450 g frischer Spinat
50 g Butter
3 Eidotter
150 ml Crème fraîche
1,7 l Gemüsebrühe
2 EL Mehl
2 EL Petersilie, gehackt
Meersalz und schwarzer Pfeffer

Butter in einem Topf schmelzen, Spinat grob hacken und zugeben, Deckel auflegen und über kleiner Flamme 10 Minuten simmern. Spinat umrühren und das Mehl darüber streuen. Weiterrühren, bis das Mehl gar ist, etwa eine oder zwei Minuten. Gemüsebrühe zugeben und weitere 10 Minuten simmern. Suppe abkühlen lassen; im Mixer oder mit Pürierstab pürieren, dabei Eidotter und Crème fraîche unterziehen. Vorsichtig wieder erwärmen. Kurz vor dem Servieren mit Petersilie bestreuen.

Scharfe Bohnensuppe

Marokko

50 g Wachtelbohnen
50 g Linsen
50 g Kichererbsen
2 EL Tomatenpüree
2 Schoten roten Chilipfeffer, getrocknet
1,75 l Gemüsebrühe
275 ml Joghurt
3 Knoblauchzehen, zerdrückt
Saft und Schale einer Zitrone
Meersalz und schwarzer Pfeffer
3 EL Minze, gehackt

Bohnen, Linsen und Kichererbsen über Nacht einweichen. Abgießen und in die Brühe geben, ebenso die Chilischoten. Tomatenpüree einrühren und 2 Stunden simmern. Aus Knoblauch, Zitronensaft und -schale, Joghurt und Minze in einer kleinen Schüssel eine Paste rühren und mit Salz und Pfeffer abschmecken. Die Hälfte der Hülsenfrüchtesuppe herausnehmen und pürieren, dann wieder zurück in den Topf geben. Noch einmal abschmecken und evtl. nachwürzen. Suppe wieder erwärmen und servieren, die Paste in der Schüssel getrennt auftragen. Davon nimmt sich jeder soviel wie er mag und verrührt sie mit der Suppe in seinem Teller.

Rote Bete-Suppe

Malta

450 g Rote Bete, roh
2 Zwiebeln, gehackt
2 Knoblauchzehen, zerdrückt
2 rote Paprikaschoten, in Stücken
1,75 l Selleriebrühe
275 ml Joghurt
Saft einer Zitrone
Meersalz und schwarzer Pfeffer
150 ml Olivenöl

Öl in einen Topf geben und erhitzen. Rote Bete schälen und würfeln und zusammen mit den Zwiebeln und den Paprikastreifen im Öl ein paar Minuten garen. Dann Brühe, Knoblauch und Zitronensaft zugeben und eine Stunde simmern. Suppe abkühlen lassen und pürieren. Mit Salz und Pfeffer abschmecken. Entweder in den Kühlschrank zum Kaltwerden stellen oder wieder erwärmen. Die Joghurt wird bei Tisch dazu gegessen.

Tunesien

Mandelsuppe

225 g Mandeln, gemahlen
275 ml Milch
800 ml Gemüsebrühe
75 g braunes Paniermehl
275 ml einfache Sahne
2 Knoblauchzehen, zerdrückt
½ TL Koriander, gemahlen
½ TL Kreuzkümmel, gemahlen
Meersalz und schwarzer Pfeffer

Mandeln, Gewürze, Paniermehl und Knoblauch in einen Topf geben, Milch unter ständigem Rühren zugeben. Die Mischung muß ganz glatt sein, bevor man die Brühe zugibt. Erhitzen und 10 Minuten simmern. Vom Herd nehmen, mit Salz und Pfeffer würzen, die Sahne einrühren und servieren.

Italien

Minestrone

150 ml Olivenöl
5 Knoblauchzehen, zerdrückt
2 Zwiebeln, gehackt
1 kleiner Wirsing, in Streifen geschnitten
50 g Parmesan, frisch gerieben
3 Stangen Porree, in Scheiben
250 g junge Möhren
1,75 l Selleriebrühe
75 g Vollkornnudeln
Meersalz und schwarzer Pfeffer

Öl in einem großen Topf erhitzen, alle zerkleinerten Gemüse und den Knoblauch zugeben und 5 Minuten garen. Brühe zugießen und weitere 10 Minuten simmern. Nudeln hineingeben und weitere 10 Minuten auf kleiner Flamme kochen. Mit Salz und Pfeffer würzen. Suppe vom Herd nehmen und 5 Minuten ruhen lassen. Großzügig mit Parmesan bestreuen.

Spanien

Sopa de puré de Verduras Suppe von Gemüsepüree

je 100 g Kartoffeln, Möhren, Steckrüben, Kohl und Stangenbohnen
3 EL Olivenöl
1,5 l Selleriebrühe
2 Eidotter
Meersalz und Pfeffer

Öl ein einem Topf erhitzen. Alle Gemüse kleinschneiden und in den Topf geben. Ein paar Minuten garen, dann die Selleriebrühe zufügen und eine halbe Stunde simmern. Suppe pürieren und nach Geschmack würzen. Eidotter mit etwas Suppe verrühren und zugeben. Suppe wieder erwärmen, bis sie dick zu werden beginnt.

Sopa de Guisantes y Patatas Spanien
Suppe mit Erbsen und Kartoffeln

450 g neue Kartoffeln
450 g grüne Erbsen, frisch
1 Lattich
50 g Butter
1,75 l Gemüsebrühe
275 ml einfache Sahne
Meersalz
und schwarzer Pfeffer

Butter in einem Topf schmelzen lassen. Lattich (Römischer Salat oder Bindesalat) in Streifen schneiden, Kartoffeln würfeln, beides mit den Erbsen in den Topf geben. Deckel auflegen und bei schwacher Hitze fünf Minuten garen. Gemüsebrühe zufügen, zum Kochen bringen, Hitze reduzieren und 15 Minuten simmern. Suppe abkühlen lassen, dann pürieren, dabei Sahne und Gewürze zugeben. Vorsichtig wieder erwärmen.

Sopa de Tomate, Patata y Cebolla Spanien
Suppe mit Tomaten, Kartoffeln und Zwiebeln

450 g Tomaten
225 g Zwiebeln
225 g Kartoffeln
150 ml Olivenöl
1,75 l Selleriebrühe
3 Eidotter
Meersalz
und schwarzer Pfeffer

Tomaten halbieren und in einen Topf geben, Deckel auflegen und bei schwacher Hitze 10 Minuten garen. Durch ein Sieb treiben, Schalen und Samen wegwerfen. Olivenöl in einem Topf erhitzen, gehackte Zwiebeln und gewürfelte Kartoffeln dazugeben. Ein paar Minuten garen, dann die Brühe zugeben und 20 Minuten simmern. Suppe vom Herd nehmen und abkühlen lassen, dann pürieren und dabei die Tomatensoße zugeben. Die Eidotter mit etwas Suppe in einer kleinen Schüssel verrühren, Mischung zur Suppe geben. Suppe wieder erhitzen, bis sie anfängt dick zu werden.

Spanien

Sopa de Guisantes y Puntas de Esparrágos

Suppe mit Erbsen und Spargel

225 g grüne Erbsen, frisch
1 Bund Spargel
2 EL Olivenöl
1,75 l Gemüsebrühe
5 EL Tapiokamehl
Meersalz
und schwarzer Pfeffer

Spargelspitzen abschneiden und beiseite legen. Öl in einem Topf erhitzen, Spargelstangen und Erbsen darin ganz kurz garen. Gemüsebrühe zufügen und 15 Minuten simmern. Suppe pürieren, dann durch ein Sieb treiben; übrigbleibende Fasern wegwerfen. Suppe wieder erhitzen, Tapioka einrühren, fünf Minuten kochen, nun die Spargelspitzen zugeben. Abschmecken und evtl. nachwürzen und weitere 6 bis 7 Minuten simmern lassen. (Anmerkung des Übersetzers: Die Tapioka dient zum Andicken; ersatzweise Pfeilwurz, Agar-Agar oder Sago verwenden.)

Marokko

Harrira

Je 50 g Kichererbsen
und Linsen
200 g verschiedene
getrocknete Bohnen
1 Büchse Tomaten (400 g)
225 g Zwiebeln, gehackt
150 ml Olivenöl
1 TL Kurkuma
2 EL Koriandergrün
50 g Inwerwurzel, geschält
und kleingeschnitten
1 TL Zimt
Saft und Schale
von 2 Zitronen
1 ½ EL Mehl
1 TL Paprikapulver
2 EL Minze, gehackt
Meersalz
und schwarzer Pfeffer

Alle Hülsenfrüchte über Nacht einweichen. In einem großen Topf das Olivenöl erhitzen, Ingwer, Gewürze und Zwiebeln zugeben und kurze Zeit garen. Tomaten zufügen sowie 2,3 l Wasser und alle Hülsenfrüchte. 2 Stunden simmern. Das Mehl mit 3 Eßlöffeln Wasser zu einer Paste verrühren, etwas Suppe dazugeben, glattrühren und wieder in den Topf geben. Eine weitere halbe Stunde kochen lassen, die Bohnen sollen gar sein. Gewürze zugeben und mit den gehackten Kräutern bestreuen.

Soupe aux Tomates à l'Estragon Korsika
Tomatensuppe mit Estragon

900 g Tomaten, gehackt
50 g Butter
5 Knoblauchzehen, zerdrückt
1 EL Estragon, getrocknet
2 EL frischer Estragon, gehackt
850 ml Gemüsebrühe
Meersalz
und schwarzer Pfeffer

Butter in einem Topf schmelzen, die Tomaten, beide Estragonsorten und den Knoblauch zugeben. Deckel auflegen und bei schwacher Hitze 10 Minuten garen. Gemüsebrühe zugeben und die Gewürze; weitere 10 Minuten kochen. Suppe pürieren und durch ein Sieb rühren. Entweder wieder erhitzen und mit saurer Sahne auftragen oder gekühlt servieren.

Potage des Pommes de Terre et Poireaux Frankreich
Kartoffel-Porreesuppe

450 g Kartoffeln
850 ml Wasser
450 g Porree
50 g Butter
300 ml Milch
150 ml einfache Sahne
Meersalz
und schwarzer Pfeffer
2 EL Petersilie, fein gehackt

Kartoffeln schälen, dann in dem Wasser weichkochen. Abkühlen lassen, in einen Mixer geben und pürieren. Mittlerweile den Porree säubern und grob hacken. In der Butter bei geschlossenem Topf weich kochen, etwa 10 Minuten. In den Mixer zu den Kartoffeln geben, zusammen mit der Milch, der Sahne und den Gewürzen. Zu einem dünnen Püree verarbeiten, in den Topf zurückgeben und vorsichtig erhitzen. Kurz vor dem Auftragen mit Petersilie bestreuen.

Frankreich

Soupe à l'Artichaut Artischockensuppe

10 kleine junge Artischocken
850 ml Wasser
50 g Butter
2 EL Vollkornmehl
300 ml Milch
150 ml einfache Sahne
1 Prise Muskat
Meersalz
und schwarzer Pfeffer

Artischocken säubern, alle harten Außenblätter wegwerfen. In dem Wasser 20 Minuten kochen, abkühlen lassen, dann mit der Kochflüssigkeit pürieren. Die Butter schmelzen, das Mehl hineinrühren und unter Rühren kurz garen. Milch, Sahne und Gewürze zugeben und eine weiße Soße machen. Soße in das Artischockenpüree gießen und gut durchrühren. Erneut in den Topf füllen und vorsichtig wieder erwärmen.

Frankreich

Garbure béarnaise

170 g weiße Bohnen
1,7 l Wasser
5 EL Olivenöl
225 g Kartoffeln
225 g grüne Bohnen
225 g Weißkohl
5 Knoblauchzehen, zerdrückt
1 EL Majoran, gehackt
1 TL Origano, getrocknet
½ TL Cayennepfeffer
Meersalz

Bohnen in dem Wasser über Nacht einweichen. Zum Kochen bringen und 2 Stunden garen. Kartoffeln schälen und würfeln, Bohnen abfädeln und in Stücke schneiden, Kohl in Streifen schneiden. Diese drei Zutaten in einem anderen Topf in dem Olivenöl garen, zusammen mit dem Knoblauch, Majoran, Origano und Cayennepfeffer, etwa 5 Minuten. Dann die Bohnen samt Kochflüssigkeit zugeben und weitere 20 Minuten kochen. Vor dem Auftragen abschmecken.

Soupe à la Citrouille Kürbissuppe Frankreich

700 g Kürbisfleisch
ohne Schale und Samen
120 g Butter
3 Knoblauchzehen, zerdrückt
120 ml Selleriebrühe
150 ml einfache Sahne
Meersalz
und schwarzer Pfeffer

Kürbisfleisch in Stücke schneiden und zusammen mit dem Knoblauch in einem zugedeckten Topf in der Butter etwa 10 Minuten garen. Selleriebrühe hinzugeben und weitere 10 Minuten garen. Abkühlen lassen. In einen Mixer füllen und zu Püree verarbeiten. Sahne und Gewürze untermischen, zurück in den Topf geben und vorsichtig wieder erwärmen.

Zuppa di Maritata Italien

140 g dünne Vollkornnudeln
1200 ml Selleriebrühe
50 g Butter
75 g Parmesan, gerieben
4 Eidotter
300 ml Crème fraîche
Meersalz
und schwarzer Pfeffer

Nudeln in der Brühe gar kochen, höchstens 15 Minuten. Die übrigen Zutaten in einer Schüssel vermischen und nach und nach etwas heiße Brühe darunter rühren. Mischung in die Suppe geben, ununterbrochen rühren, bis sie ein wenig andickt. Sofort auftragen.

Stracciatella Italien

2 Eier, geschlagen
3 EL Parmesan, gerieben
2 EL Vollkorn-Paniermehl
¼ TL Muskat
1,2 l Selleriebrühe
2 EL Petersilie, fein gehackt
Meersalz
und schwarzer Pfeffer

Eier, Käse, Parniermehl, Muskat mit Salz und Pfeffer vermischen, etwa 150 ml Brühe gründlich einrühren. Restliche Brühe in einem Topf erhitzen; sobald sie simmert, die Eiermischung unter ständigem Rühren zugeben, so daß die Suppe marmoriert wird. Mit Petersilie bestreuen und servieren.

Spanien

Sopa de Boronia

150 ml Olivenöl
1 Aubergine, gewürfelt
225 g Cantaloupe-Melone, gewürfelt
2 Zwiebeln, gehackt
5 Knoblauchzehen, zerdrückt
300 ml Tomatensoße
¼ TL Cayennepfeffer
¼ TL Safran
1,2 l Selleriebrühe
Meersalz und schwarzer Pfeffer
4 Scheiben Vollkornweißbrot, getoastet
4 Eier, pochiert

Das Öl in einem großen Topf erhitzen und die Auberginenwürfel darin 5 Minuten anbraten. Melone, Zwiebeln, Knoblauch, Cayennepfeffer, Safran, Salz und Pfeffer zugeben und weitere 10 Minuten garen. Brühe zugießen, zum Kochen bringen und weitere 10 Minuten kochen. Abkühlen lassen und in einem Mixer zu Püree verarbeiten. Vorsichtig wieder erhitzen und in eine Suppenschüssel füllen, die Brotscheiben mit je einem pochierten Ei darauf über die Oberfläche verteilen.

Spanien

Sopa de Espárrago y Avellana
Spargelsuppe mit Haselnüssen

225 g Spargel
1,2 l Wasser
60 g Butter
120 g Haselnußkerne, fein gehackt
1 Glas trockener Sherry
300 ml einfache Sahne
Meersalz und schwarzer Pfeffer

Spargelspitzen abschneiden und beiseite legen. Restlichen Spargel in dem Wasser 15 Minuten kochen, abkühlen lassen. Dann im Mixer zerkleinern und durch ein Sieb rühren. Die Butter in einem Topf erhitzen und die Haselnußstücke darin 5 Minuten bräunen. Spargelbrühe dazugeben und zum Kochen bringen. Spargelspitzen hineingeben und 12 Minuten simmern. Mit Salz und Pfeffer abschmekken, Sherry und Sahne zugeben und unter Rühren wieder heiß werden, aber nicht kochen lassen.

Sopa de Garbanzos Kichererbsensuppe

Spanien

225 g Kichererbsen, getrocknet
2,3 l Wasser
150 ml Olivenöl
225 g Kartoffeln
225 g Zwiebeln
1 Kopf Lattich (evtl. Römischer Salat)
2 Stangen Porree
5 Knoblauchzehen
1 TL Oregano
½ TL Kümmel
Meersalz und schwarzer Pfeffer

Kichererbsen über Nacht in dem Wasser einweichen. Mit dem Wasser zum Kochen bringen und 2 Stunden simmern. Kartoffeln schälen und würfeln; Zwiebeln und Porree in Scheiben, Salat in Streifen schneiden. In einem anderen Topf das Olivenöl erhitzen, das Gemüse hineingeben, zusammen mit dem Knoblauch, dem Oregano und dem Kümmel, und 5 Minuten garen. Die Hälfte der Kichererbsen mit Kochwasser in einen Mixer füllen und pürieren. Zum Gemüse mit dem Olivenöl geben, ebenso die ganzen Kichererbsen mit dem Rest des Kochwassers. Mit Salz und Pfeffer würzen und weitere 20 Minuten garen.

Kalte Petersilien-Suppe

Marokko

1 großes Bund Petersilie
1,2 l Gemüsebrühe
2 Eidotter
300 ml Joghurt
½ TL Cayennepfeffer
Meersalz
Petersilie zum Garnieren

Petersilie in der Brühe 20 Minuten simmern, dann abkühlen lassen. In einem Mixer pürieren. Die restlichen Zutaten hineingeben und verrühren. In den Kühlschrank stellen. Vor dem Auftragen abschmecken und mit etwas Petersilie garnieren.

Eier- und Käsegerichte

Die Eiergerichte der Mittelmeerküche müssen natürlich mit dem klassischen französischen Omelette beginnen, aber gibt es eine ganze Gruppe von Gerichten, die vom Omelette abstammen, doch kräftiger und gehaltvoller sind. Selbst in Südfrankreich werden dem klassischen Omelette oft ein paar Löffel Gemüse oder Gemüsepüree zugegeben, oder Pilze, Zwiebel, Zucchini oder Ratatouille. Ferner gibt es die spanische Tortilla, die ägyptische Eggah und die tunesische Tagine, die alle viel mehr zu den herzhaften Bauerngerichten gehören als das echte Omelette, das leicht und duftig sein muß.

Omelette

Am besten macht man sie einzeln, wobei man nicht mehr als drei kleine oder zwei dicke Eier verwendet. Man benutzt dazu eine Omelettepfanne, die flach sein sollte mit glattem, auswärts geneigtem Rand. Die Pfanne muß ganz glatt und sauber sein. Zum Braten genügt eine geringe Menge Butter, der Boden sollte gerade etwas fettig sein. Die Eier werden nicht geschlagen, sondern die Dotter und Eiklar nur mit der Gabel kurz miteinander verrührt. Um die Mischung leichter zu machen, gibt man einen Teelöffel kaltes Wasser dazu und etwas Salz. Wenn die Butter zu zischen beginnt, gießt man die Eier in die Pfanne und sorgt durch ständiges Kippen und Hinundherbewegen dafür, daß sich die Masse gleichmäßig verteilt und gleichzeitig stockt. Das sollte nicht länger als 45 Sekunden dauern, dann läßt man unter Zuhilfenahme eines Holzlöffels das Omelette aus der Pfanne in einen angewärmten Teller gleiten. Die Mitte sollte noch feucht sein. Man kann auch frisch gehackte Kräuter zugeben, wenn man die Eier in die Pfanne gegossen hat. Das ist ein einfaches Gericht, das jedoch selten perfekt zubereitet wird.

Tortilla clasica Klassisches Omelette Spanien

6 Eier	*25 g Butter*
3 EL Petersilie, gehackt	*Meersalz*
150 ml Sahne	*und schwarzer Pfeffer*

Eier, Sahne, Petersilie und Gewürze in einem tiefen Teller vermischen. Butter in einer flachen Pfanne erhitzen, Eier hineingießen und die Pfanne so hin- und herbewegen, daß der Boden gleichmäßig bedeckt ist. Wenn das Omelette fast gar, die Oberfläche noch feucht ist, die Seiten wie einen Briefumschlag zur Mitte hin einklappen und auf einem warmen Teller etwas ruhen lassen.

Tortilla de Patatas Kartoffelomelette Spanien

225 g Kartoffeln	*150 ml Sahne*
3 EL Olivenöl	*25 g Butter*
6 Eier	*Meersalz*
3 EL Petersilie, gehackt	*und schwarzer Pfeffer*

Kartoffeln schälen und in dünne Scheiben schneiden. Öl in einer Pfanne erhitzen und die Kartoffeln darin braten, bis sie braun und kroß sind. Überschüssiges Öl abgießen. Eier, Sahne und Petersilie in einer Schüssel vermischen. Die Butter zu den Kartoffeln in die Pfanne geben, schmelzen und heiß werden lassen. Die Eiermischung darüber gießen und die Pfanne so hin- und herbewegen, daß sie sich gleichmäßig verteilt. Stocken lassen; nicht falten. Solche gehaltvollen spanischen Omelettes schneidet man meist wie Tortenstücke.

Tortilla de Patatas y Cebolla Spanien
Omelette mit Kartoffeln und Zwiebeln

450 g Kartoffeln	*6 Eier*
1 große Zwiebel	*Meersalz*
4 EL Olivenöl	*und schwarzer Pfeffer*

Kartoffeln schälen und in dünne Scheiben schneiden, Zwiebel hacken. Öl in die Pfanne geben und Kartoffeln und Zwiebel darin etwa 25 Minuten garen. Eier zusammen mit den Gewürzen schlagen; sobald die Kartoffeln braun und knusprig sind, Mischung darübergießen. Wenn sich die Eier gesetzt haben, Pfanne unter einen Grill stellen und die Oberfläche bräunen.

Spanien

Tortilla Campesina

2 Paprikaschoten ohne Samen, gehackt
2 Zwiebeln, gehackt
1 Chilischote ohne Samen, gehackt
120 g Pilze in Scheiben
3 Tomaten, geschält
3 Knoblauchzehen, zerdrückt
6 Eier
4 EL Olivenöl
3 EL Petersilie, gehackt
Saft einer Zitrone
Meersalz und schwarzer Pfeffer

Öl in einer großen Pfanne erhitzen und alle Gemüse mit dem Zitronensaft braten, bis sie sich zu einem großen Püree verbunden haben. Eier, Petersilie und Gewürze miteinander mischen, über die Gemüse gießen, durchrühren, bis die Eier sich gesetzt haben. Pfanne unter einen heißen Grill setzen, bis die Oberfläche des Gerichts aufgeht und gar ist. Nicht länger als eine Minute.

Italien

Frittata con le Cipolle Omelette mit Zwiebeln

3 große Zwiebeln, in Scheiben
2 EL Olivenöl
5 Eier, geschlagen
Meersalz und schwarzer Pfeffer
25 g Butter

Olivenöl in eine Pfanne geben und die Zwiebeln darin bei schwacher Hitze garen, bis sie weich sind; etwa 10 Minuten. Eier in einer Schüssel verrühren, gebratene Zwiebeln dazugeben und würzen. Die Butter in der Pfanne erhitzen, die Mischung hineingeben und stocken lassen, dann unter einem Grill gratinieren.

Italien

Frittata al Formaggio Omelette mit geriebenem Käse

6 Eier, geschlagen
85 g Parmesan, frisch gerieben
25 g Taleggio, in Würfeln
40 g Butter
Meersalz und schwarzer Pfeffer

Butter in einer Pfanne erhitzen. Eier mit dem Parmesan, Salz und Pfeffer mischen und in die Pfanne gießen, den Taleggio-Käse darüber streuen. 5 Minuten garen lassen, bis der Boden fest und knusprig ist; dann unter einem heißen Grill gratinieren.

Eggah Ägypten

je 50 g der folgenden Gemüse, in dünne Scheiben geschnitten:
Zucchini, Kartoffen, Zwiebeln, Porree, Auberginen, Pilze, Spinat
4 Knoblauchzehen, zerdrückt
3 EL Petersilie, gehackt
4 EL Olivenöl
8 Eier
Meersalz und schwarzer Pfeffer

Das Olivenöl in einer großen Pfanne erhitzen und die Gemüse zusammen mit dem Knoblauch darin garen, bis ein dickes Mus entsteht; etwa 20 Minuten. Eier mit den Gewürzen und der Petersilie schlagen, über die Gemüse gießen und einrühren. Wenn der Boden fest geworden ist, Pfanne unter einen heißen Grill setzen und überbacken. Wie eine Torte aufschneiden.

Tagine Tunesien

2 Paprikaschoten, entkernt und in Scheiben geschnitten
2 Zucchini, in Scheiben
2 Zwiebeln, in Scheiben
450 g Tomaten, geschält
5 Knoblauchzehen, zerdrückt
150 ml Olivenöl
je ½ TL Kreuzkümmel, Koriander und Zimt, alle gemahlen
je ¼ TL Cayennepfeffer und Muskat
8 Eier
Meersalz und schwarzer Pfeffer

Backofen auf 190° vorheizen. Öl in einen großen feuerfesten Tontopf gießen und alle Gemüse und Gewürze darin auf dem Herd 5 Minuten garen. Die Gemüse sollen etwas weich werden. Eier mit Salz und Pfeffer verrühren, in den Tontopf gießen und unterrühren. In den Backofen stellen und 40 Minuten backen.

Frankreich

Piperade

je eine rote, gelbe und grüne Paprika	*450 g Tomaten*
4 EL Olivenöl	*5 Knoblauchzehen, zerdrückt*
2 große Zwiebeln	*Meersalz und schwarzer Pfeffer*
	6 Eier

Öl in eine große flache Pfanne geben; Paprika putzen und ebenso wie die Zwiebeln in dünne Scheiben schneiden. Öl erhitzen, Knoblauch, Paprika und Zwiebeln darin garen, bis sie sich zu einem Püree verbinden, etwa 20 Minuten. Tomaten häuten und in die Pfanne geben. Hitze verstärken und das ganze 5 Minuten kräftig kochen lassen. Mit Salz und Pfeffer würzen. Eier schlagen und in die Pfanne gießen. Bei weiterhin kräftiger Hitze Eier und Püree mit einer Gabel vermischen, so als wollte man Rührei machen. Mit Knoblauchbrot und grünem Salat servieren.

Tunesien

Chahcouka

3 Zwiebeln	*450 g Tomaten*
4 EL Olivenöl	*4 Knoblauchzehen, zerdrückt*
je eine rote, gelbe und grüne Paprika	*Meersalz und schwarzer Pfeffer*
2 Chilischoten	*4 Eier*

Olivenöl in eine flache Pfanne gießen. Paprika putzen und ebenso wie die Zwiebeln in kleine Stücke schneiden. Samen aus den Chilischoten entfernen und ebenfalls kleinschneiden. Alles zusammen mit dem Knoblauch zum Öl in die Pfanne geben und 15 Minuten garen. Tomaten schälen und zur Gemüsemischung geben. Hitze etwas verstärken, durchrühren und weitere 5 Minuten kochen lassen. Vom Feuer nehmen und vier Vertiefungen in das Gemüse drükken. Eier einzeln aufschlagen und je eines in die Vertiefungen geben. Pfanne wieder auf den Herd setzen und weiter garen, bis das Eiklar fest wird.

Omelette à l'Oseille Sauerampferomelette — Frankreich

3 bis 4 Sauerampferblätter
25 g Butter
3 Eier
Meersalz
und schwarzer Pfeffer

Die Hälfte der Butter in eine Pfanne geben und schmelzen lassen. Vom Sauerampfer die dicken Stengel abschneiden, Blätter in die Butter geben und durchrühren; sie zerfallen in wenigen Minuten zu Püree. In einen Teller geben und aufbewahren. Restliche Butter in die Pfanne geben, Eier verrühren und hineingießen. Sauerampferpüree zufügen, stocken lassen und zuklappen wie ein normales Omelette.

Omelette Molière — Frankreich

3 Eier
1 EL Parmesan, gerieben
1 EL Gruyère, in Würfeln
1 EL dicke Sahne
Meersalz
und schwarzer Pfeffer
1 TL Butter

In einem tiefen Teller Eier mit dem Parmesan verrühren und würzen. Butter in einer Pfanne zerlassen und Eiermischung zufügen. Die Gruyèrewürfel daraufdrücken und die Sahne darüber gießen. Wenn der Gruyère zu schmelzen beginnt, Omelette falten und servieren.

Petersilienomelette — Griechenland

1 Bund Petersilie
25 g Butter
4 Eier
Meersalz
und schwarzer Pfeffer

Die Stengel der Petersilie abschneiden. Butter in einer Pfanne schmelzen, Petersilie darin ein paar Minuten garen. Eier mit den Gewürzen schlagen und in die Pfanne gießen. Omelette stocken lassen; nicht wenden, es würde zerbrechen. Von der Pfanne auf einen angewärmten Teller gleiten lassen.

Griechenland

Omeletta me Domates Omelette von frischen Tomaten

3 EL Olivenöl
450 g Tomaten
½ TL Oregano
4 EL Basilikum, frisch gehackt
6 Eier
Meersalz und schwarzer Pfeffer

Öl in eine Pfanne geben, Tomaten schälen und in Scheiben schneiden, zusammen mit den Gewürzen 7 Minuten sanft garen. Eier gut schlagen, darüber gießen und fest werden lassen, die Oberfläche soll jedoch noch feucht sein. Mit Basilikum bestreuen. Auf einer großen Platte mit Knoblauchbrot umlegt servieren.

Israel

Avocado-Omelette

25 g Butter
1 reife Avocado
4 Eier
2 EL Petersilie, gehackt
Meersalz und schwarzer Pfeffer

In einem Mixer oder mit einem Rührstab Eier miteinander verschlagen; Avocadofleisch zufügen und weiter schlagen, bis sich eine glatte Masse ergibt. Würzen. Butter in einer Pfanne schmelzen lassen, Eier-Avocadomischung hineingießen und mit Petersilie bestreuen. Wenn sich das Omelette an der Unterseite gesetzt hat, Pfanne unter einen heißen Grill geben und die Oberfläche fest werden lassen.

Libanon

Walnußomelette

6 Eier
120 g Walnüsse, gehackt
60 g Korinthen
2 Knoblauchzehen, zerdrückt
2 EL Frühlingszwiebeln, gehackt
½ TL Kreuzkümmel
2 EL braunes Paniermehl
3 EL Olivenöl
Meersalz und schwarzer Pfeffer

Öl in der Pfanne erhitzen. Alle anderen Zutaten vermischen und zugeben. Sobald sich das Omelette gesetzt hat, Pfanne unter einen heißen Grill setzen und die Oberfläche garwerden lassen.

Huevos con Puré Spanien

450 g Kartoffeln
Meersalz
und schwarzer Pfeffer
25 g Butter
2 EL Milch
6 Eier

Weiße Soße:
25 g Butter
25 g Weizenvollmehl
150 ml Sahne
150 ml Milch
je eine Prise Salz und Muskat

Kartoffeln schälen und gar kochen, gut abgießen. Zusammen mit der Butter, der Milch und den Gewürzen zu einem glatten Püree verarbeiten. Eine gut gebutterte feuerfeste Schüssel damit auslegen. Mit einem Löffelrücken 6 Vertiefungen hineindrücken und in jede ein Ei schlagen. Backofen auf 190° vorheizen, Eier mit Salz und Pfeffer bestreuen und die Schüssel für ein paar Minuten in den Backofen stellen. Inzwischen die weiße Soße zubereiten. Aus der Butter und dem Mehl bei schwacher Hitze eine Roux (Kloß) rühren. Milch, Salz und Muskat zugeben, dann die Sahne. Rühren, bis eine glatte dicke Soße daraus geworden ist; vom Herd nehmen. Schüssel aus dem Backofen nehmen, wenn das Eiklar fest geworden ist. Über jedes Ei Soße löffeln, unter einen heißen Grill stellen und leicht braun werden lassen.

Souffles

Ähnlich wie beim Omelette stammen einige Mittelmeergerichte vom klassischen französischen Soufflé, aber wiederum sind diese gehaltvoller als die Stammform. Doch alle haben sie gemeinsam, daß die Eier getrennt und das Eiklar geschlagen wird, damit es Luft aufnehmen und in die Höhe steigen kann.
Es gibt eine Legende, wonach Soufflés schwierig zu machen seien. Das ist falsch. Wenn die Eiklar richtig geschlagen sind, so daß man Spitzen davon ziehen kann, und wenn der Backofen auf die richtige Temperatur vorgeheizt wurde, gelingen Soufflés immer. Doch Backöfen sind verschieden und haben ihre Eigenheiten, aber gewöhnlich gilt für eine Soufflé-Form von 24 cm, daß eine Backofentemperatur von 230° und 15 bis 18 Minuten Garzeit die besten Ergebnisse bringt.
Die besten Soufflés werden ganz ohne Mehl gemacht, auch ohne die in vielen Rezepten vorgeschriebenen 2 Eßlöffel Mehl. Sie sollen im Inneren nämlich noch feucht, wenn nicht gar etwas flüssig sein. Daher ist es wichtig, Soufflés nicht durchzugaren; die alte Sage, man solle ein Messer in die Mitte stecken, und wenn es sauber herauskomme, sei das Soufflé gar, ist falsch. Damit verursacht man höchstens das Zusammenfallen des Soufflés, weil man die Luft herausläßt.
Soufflés sind eine günstige Verwertung von übriggebliebenem Eiklar; tatsächlich gelingen die meisten Soufflés besser, wenn man zwei Eiklar zusätzlich verarbeitet. Einige der besten Soufflés macht man mit Pürees aus Spinat, Sauerampfer, Spargel und Zucchini. Sobald man das klassische Soufflé, das simple Käsesoufflé, beherrscht, bereiten sie keine Schwierigkeiten.

Käsesoufflé Frankreich

4 Eier
2 zusätzliche Eiklar
50 g Parmesan, gerieben
50 g Gruyère, gerieben
300 ml einfache Sahne
Meersalz
und schwarzer Pfeffer
Butter für die Souffléform

Eine 24cm-Souffléform gründlich mit Butter einfetten, Backofen auf 230° vorheizen. Ein Backblech auf der mittleren Schiene einschieben und mit erwärmen. Zwei Schüsseln zum Mischen bereitstellen, in die eine die zusätzlichen Eiklar geben. Eier trennen, Eiklar zu den anderen geben. Eidotter in die zweite Schüssel gießen, Käse zugeben, Sahne und Gewürze einrühren. Die Eiklar schlagen, bis sie steif sind. Zunächst ⅓ davon unter die Sahnemischung rühren, dann den Rest unterheben. Soufflé in die Form gießen, auf das Backblech stellen und 15 bis 18 Minuten garen. Es ist gar, wenn es aufgegangen und gebräunt ist.

Anmerkung:
Man kann das Soufflé auch in kleinen Einzelförmchen bereiten, dann braucht man nur 8 bis 10 Minuten Garzeit.

Soufflé aux Courgettes Zucchinisoufflé Frankreich

225 g kleine Zucchini
25 g Butter
4 Eier
2 zusätzliche Eiklar
85 g Gruyère, gerieben
300 ml einfache Sahne
Meersalz
und schwarzer Pfeffer
Butter für die Souffléform

Backofen auf 230° vorheizen, Backblech auf mittlerer Schiene miterwärmen. Souffléform gut mit Butter fetten. Zucchini dünn schneiden, Butter in der Pfanne schmelzen lassen. Zucchini zugeben, Deckel auflegen und 7 bis 8 Minuten garen. Abkühlen lassen und in eine Schüssel geben. Eier trennen, Eidotter zu den Zucchini geben, ebenso den Käse, die Sahne und Gewürze. Alle Eiklar steif schlagen, ein Drittel davon unter die Sahnemischung heben. Sobald dieser Teil absorbiert ist, den Rest einrühren. In die Souffléform gießen und auf das Backblech stellen; 15 bis 18 Minuten garen.

Anmerkung:
Nach der gleichen Methode kann man ein Spargelsoufflé bereiten, man braucht dazu eine Handvoll gekochten Spargel statt Zucchini.

Italien

Soufflé di Finocchio Fenchelsoufflé

3 Fenchelknollen
4 Eier
2 zusätzliche Eiklar
300 ml einfache Sahne
je 50 g Romano, Pecorino und Parmesan, alle gerieben
Meersalz und schwarzer Pfeffer
Butter für die Souffléform

Backofen auf 230° vorwärmen, Souffléform gut mit Butter fetten. Die grünen Blättchen des Fenchels abschneiden und beiseite legen. Fenchelknollen vierteln und in schwach gesalzenem Wasser 20 Minuten kochen. Abgießen, in einen Mixer geben und zu einem dicken Püree verarbeiten. In eine Schüssel füllen. Eier trennen, Dotter, Käse, Sahne und Gewürze zum Fenchel geben und gut vermischen. Die Eiklar steif schlagen, ein Drittel unter die Fenchelmischung heben. Dann vorsichtig den Rest zufügen. Im Backofen 15 bis 18 Minuten garen. Mit den gehackten Blättchen garnieren.

Italien

Soufflé di Formaggio Italienisches Käsesoufflé

4 Eier
2 zusätzliche Eiklar
50 g Parmesan, gerieben
je 50 g Dolcelatte, Gorgonzola und Taleggio
300 ml einfache Sahne
Meersalz und schwarzer Pfeffer
Butter für die Souffléform

Zubereiten wie das vorangegangene Käsesoufflé. Nur der Parmesan läßt sich reiben, die übrigen italienischen Käse nicht. Überzeugen Sie sich, ob diese wirklich reif sind, dann in kleine Würfel schneiden und die Sahnemischung zugeben.

Soufflé fritto di Spinachi Italien

225 g frischer Spinat
25 g Butter
4 Eier
85 g Bel Paese
25 g Parmesan
25 g Weizenvollmehl
Meersalz
und schwarzer Pfeffer
Maiskeimöl zum Ausbacken

Spinat verlesen, Stengel abschneiden, mit der Butter in einen Topf geben, Deckel auflegen und bei schwacher Hitze 10 Minuten garen. Deckel abnehmen, Hitze verstärken und alle überschüssige Feuchtigkeit verdampfen lassen. Vom Herd nehmen. Das Mehl darüber streuen und einrühren. Bei mittlerer Hitze eine Minute garen. Wieder vom Herd nehmen, Käse zugeben und ein bißchen schmelzen lassen, dann in eine Schüssel füllen. Eier trennen, Dotter zum Spinat geben und gut vermischen. Eiklar schlagen, bis sie steif sind, und unter die Eiermischung ziehen. Eine Pfanne etwa 2,5 cm hoch mit Maiskeimöl füllen und hoch erhitzen. Mit einem Wassertropfen testen: zischt es, ist die Temperatur richtig. Viermal mit einem Eßlöffel eine Portion Soufflémischung in das Öl geben. Kurz backen, dann umwenden, so daß sich Bällchen formen. Auf Küchenpapier abtropfen lassen.

Eggah bi Korrat Porreesoufflé Ägypten

450 g Porree
25 g Butter
6 Eier
2 EL Olivenöl
Meersalz
und schwarzer Pfeffer

Porree putzen und in dünne Scheiben schneiden. Mit der Butter in einem geschlossenen Topf 8 Minuten garen und in eine Schüssel füllen. Eier trennen, Dotter zum Porree geben und verrühren. Eiklar steif schlagen und unterheben. Das Öl in einer Pfanne erhitzen und die Mischung hineingießen. Langsam gar backen, zum Schluß unter einem heißen Grill bräunen.

Spanien

Cazuela de Espinacas con Huevos à la Granadina

Granada-Spinat mit Eiern

450 g frischer Spinat
85 g Mandeln, geschält
5 Knoblauchzehen, zerdrückt
2 Scheiben Vollkornbrot, ohne Kruste
3 EL Olivenöl
je ½ TL Safran, Nelke, Pfefferkörner und Kreuzkümmelsamen
600 ml Selleriebrühe
6 Eier
Meersalz und schwarzer Pfeffer

Vom Spinat die Stengel abschneiden und tropfnaß in einen Topf geben, Deckel auflegen und bei schwacher Hitze 10 Minuten garen. Die Gewürze in einen Mörser legen und zu einem Pulver zerstampfen. In eine Tasse füllen, einen Eßlöffel Wasser zugeben und eine Paste rühren. Öl in der Pfanne erhitzen, Mandeln darin goldbraun und Brot kunsprig backen. In einem Mixer zu einer Art Pulver zermahlen. Gewürzpaste und Mandelmischung zum Spinat geben und vermischen. Eine feuerfeste Form mit dem Spinat auslegen. Selleriebrühe erhitzen und über den Spinat gießen und zu einem dicken Püree vermischen. 6 Vertiefungen in das Püree drücken und je ein Ei aufschlagen und hineingeben. Mit Meersalz und schwarzem Pfeffer würzen. Backofen auf 190° vorheizen, das Gericht darin garen, bis sich das Eiklar gesetzt hat, etwa 6 bis 8 Minuten.

Frankreich

Tian aux Poireaux

675 g Porree
50 g Butter
Meersalz und schwarzer Pfeffer
6 Eier
50 g Gruyère, gerieben
50 g Parmesan, gerieben

Porree putzen und in dünne Scheiben schneiden. Butter in einem Topf schmelzen lassen, Porree zugeben, Deckel auflegen und 10 Minuten garen. Der Porree muß ganz weich sein. In eine Schüssel füllen. Die Eier schlagen und mit dem Käse zugeben. Ein Tian (flache Steingutschüssel) kräftig buttern und die Mischung hineingeben. Backofen auf 180° vorheizen, Gericht darin etwa 30 Minuten backen; der Tian muß aufgegangen und gebräunt sein.

Huevos Verdoso y Colorado Eier in grün und rot Spanien

450 g Tomaten
5 Knoblauchzehen, zerdrückt
Meersalz
und schwarzer Pfeffer
2 grüne Paprika
6 Eier

Tomaten im geschlossenen Topf zusammen mit dem Knoblauch, Salz und Pfeffer 10 Minuten garen. Abkühlen lassen, mit dem Rührstab pürieren, durch ein Sieb treiben und in eine flache Steingutschüssel füllen. Über einer offenen Flamme oder unter dem Grill die Außenhaut der Paprika zum Platzen bringen und abschälen. Durchschneiden, Samen und Samenstände entfernen, Gemüse in dünne Streifen schneiden. Eier aufschlagen und auf das Tomatenpüree setzen, Paprikastreifen darüber streuen, mit Salz und Pfeffer würzen und im vorgeheizten Backofen (190°) garen, bis das Eiklar fest geworden ist, etwa 5 bis 8 Minuten.

Huevos Tortola Turteltaubeneier Spanien

4 junge Artischocken
Saft von einer Zitrone
450 g frischer Spinat
50 g Butter
6 Eier
120 g Manchego-Käse, gerieben

Die Artischocken müssen wirklich jung sein und dürfen noch kein Heu enthalten. Vierteln und in etwas Salzwasser zusammen mit dem Zitronensaft 10 Minuten kochen. Spinat verlesen und Stengel abschneiden. In einem geschlossenen Topf bei niedriger Hitze 10 Minuten garen. Eventuell noch vorhandene Flüssigkeit abgießen. Spinat mit einem Holzlöffel kleinstoßen. Artischocken sorgfältig abgießen, zum Spinat geben und zusammen mit der Butter und den Gewürzen unterheben. Eine flache feuerfeste Form buttern, die Eier aufschlagen und hineingeben, das Gemüse darüber gießen, den Käse aufstreuen und 8 bis 10 Minuten im vorgeheizten Backofen (190°) garen.

Frankreich

Tarte au Fromage

170 g Vollkornmehl
85 g Butter
½ TL Salz
2 bis 4 EL Eiswasser
Tarte:
80 g Gruyère, gerieben
60 g Parmesan, gerieben
4 EL Frischkäse
2 Eier

Béchamelsoße:
25 g Butter
2 EL Mehl
150 ml Milch
Meersalz
und schwarzer Pfeffer
je eine Prise Cayennepfeffer
und Muskat

Für den Teig das Mehl sieben, die Butter in Flöckchen daraufgeben, ebenso Salz und Pfeffer, und verkneten. Genügend Eiswasser zufügen, damit der Teig geschmeidig wird. Zu einem Ball formen, in Alufolie einwickeln und für ein paar Stunden in den Kühlschrank legen. Vor dem Weiterverarbeiten den Teig wieder auf Raumtemperatur kommen lassen. Eine etwa 25 cm große Auflaufform buttern, den Teig auf dem Boden verteilen und an den Seiten hochziehen. Mit getrockneten Erbsen oder Bohnen füllen, in den auf 200° vorgeheizten Backofen schieben und 15 Minuten backen (»blind backen«).

Für die Béchamelsoße die Butter schmelzen, das Mehl zugeben und kurz garen lassen. Nach und nach die Milch zugeben, bis eine dicke Soße entsteht. Die Gewürze zugeben und den Käse einrühren. Vom Feuer nehmen und den Frischkäse einrühren. Eier trennen, Dotter unter die Käsemischung rühren. Eiklar steif schlagen und ebenfalls unterheben.

Erbsen oder Bohnen aus der fertigen Tarteform nehmen, die Käsemischung hineinfüllen und das Ganze im Backofen bei 200° backen, bis die Füllung gegangen und goldbraun ist, etwa 15 Minuten.

Quiche au Fromage blanc Frankreich

Teig:
170 g Vollkornmehl
85 g Butter
½ TL Salz
2 bis 3 EL Eiswasser
Meersalz
und schwarzer Pfeffer

Füllung:
120 g Fromage blanc (Quark)
150 ml Crème double
3 Eidotter
1 Ei
12 schwarze Oliven, entsteint

Einen Boden backen wie im vorigen Rezept. Quark, Sahne, Ei und Eidotter miteinander verrühren und mit Salz und Pfeffer würzen. Mischung auf den Boden geben, die schwarzen Oliven leicht in die Oberfläche eindrücken. Im vorgeheizten Backofen (200°) 15 Minuten backen.

Flan de Poireaux à la Bargemon Porreeflan Frankreich

675 g Porree
60 g Butter
12 bis 18 schwarze Oliven, entsteint
3 Eidotter
1 Ei
300 ml dicke Sahne
Meersalz
und schwarzer Pfeffer

Einen Boden backen wie für Tarte au Fromage, S. 76. Porree säubern und in Scheiben schneiden, in der Butter bei geschlossenem Topf 10 Minuten garen. Die Eidotter, das ganze Ei und die Sahne miteinander verschlagen, mit Salz und Pfeffer würzen. Den Porree auf den Boden füllen, die Oliven darüber verteilen, die Eier-Sahne-Mischung darüber gießen. Im vorgeheizten Backofen bei 200° zwanzig Minuten backen.

Spanien

Paprika-Eier-Tarte

3 rote Paprika
2 Zwiebeln
5 Knoblauchzehen, zerdrückt
150 ml Olivenöl
4 Eier
675 g Tomaten
je ½ TL Oregano
und Thymian, getrocknet
Meersalz
und schwarzer Pfeffer

Einen Teig herstellen wie für einen Boden zu Tarte au Fromage, S. 76. 6 Tarteletts daraus herstellen und blind bakken. Samen aus den Paprika entfernen und klein hacken, ebenso die Zwiebeln. Olivenöl in einem Topf erhitzen, Paprika, Zwiebeln und Knoblauch dazugeben und bei schwacher Hitze 15 Minuten garen. Tomaten in einen anderen Topf geben und zugedeckt 10 Minuten kochen. Zu Püree verarbeiten und durch ein Sieb treiben, Haut und Samen wegwerfen. Das Püree zusammen mit Oregano und Thymian zum übrigen Gemüse in den Topf geben. Mit Salz und Pfeffer würzen, Hitze verstärken und weitere 5 Minuten garen. Die Eier schlagen und ein Omelette bakken. Abkühlen lassen und in Streifen schneiden. Die Tarteletts mit der Gemüsemischung füllen und mit Omelettestreifen garniert auftragen.

Italien

Torta di Pomodoro

900 g Tomaten
Meersalz
und schwarzer Pfeffer
1 Paket (450 g) Blätterteig
2 bis 3 EL Maismehl
25 g Butter
3 EL Parmesan, gerieben
eine Handvoll frisches
Basilikum

Tomaten in dicke Scheiben schneiden, mit Salz und Pfeffer würzen und in dem Maismehl wenden. Butter in einer Pfanne erhitzen, Tomatenscheiben darin braten, bis der Maismehlüberzug knusprig ist. Blätterteig ausrollen und eine Torten- oder Pizzaform von etwa 30 cm Durchmesser damit belegen. Tomatenscheiben auf dem Teig ausbreiten, mit Parmesan bestreuen, das grob gehackte Basilikum darauflegen. In einem auf 230° vorgeheizten Backofen 30 Minuten backen.

Torta Pasqualina Italien

900 g Spinat
1 Zwiebel, gehackt
5 EL Olivenöl
7 Eier
Meersalz
und schwarzer Pfeffer
400 g Ricotta-Käse
150 ml dicke Sahne
120 g Parmesan, frisch gerieben
1 EL Weizen-Vollkornmehl
1 Packung (450 g) Blätterteig, tiefgekühlt
15 g Butter
1 EL frischer Majoran, gehackt

Stengel vom Spinat abschneiden. Öl in einem Topf erhitzen, Spinat mit der Zwiebel 5 Minuten in dem Öl garen. Hitze verstärken und überschüssige Flüssigkeit verdampfen lassen. Den Spinat in eine Schüssel füllen und abkühlen lassen. Ein Ei einrühren und mit Salz und Pfeffer würzen. In einer anderen Schüssel den Ricotta mit der Hälfte des Parmesans vermischen. Mehl und Sahne darunterrühren. Eine Kuchenform von etwa 20 cm Durchmesser buttern. Den Blätterteig ausrollen, Boden und Seiten der Form damit auslegen. Die Ricotta-Mischung auf dem Boden ausbreiten, den Spinat auf den Käse legen. Blätterteig an den Seiten auf gleiche Höhe bringen. Sechs große Löcher in den Spinat machen, in jedes einen Stich Butter und ein Ei geben. Mit Majoran, Parmesan, Salz und Pfeffer bestreuen. Aus dem restlichen Blätterteig einen Deckel machen, auf die Torta legen, die Ränder anfeuchten und versiegeln. In einem vorgeheizten Backofen bei 200° goldbraun backen, etwa eine Stunde.

Eier mit Erbsen Israel

1 kg frische Erbsen
ein Zweig Minze
Meersalz
und schwarzer Pfeffer
50 g Butter
7 Eier
150 ml dicke Sahne

Erbsen aus den Schoten nehmen und mit der Minze in leichtem Salzwasser 10 bis 12 Minuten simmern. Flüssigkeit abgießen und Butter in den Topf geben. Vom Feuer nehmen und sechs Eier über die Erbsen gleiten lassen. Topf wieder auf den Herd setzen. Das restliche Ei mit der Sahne schlagen und über die Eier im Topf gießen. Würzen und vor dem Servieren kurze Zeit unter einen heißen Grill stellen.

Libanon

Gefüllte Pfannkuchen

1 EL Olivenöl
225 ml Milch
1 Ei
225 g Weizen-Vollkornmehl
170 g Hüttenkäse
85 g Haloumi
(salziger Hartkäse)
2 Eier, hartgekocht
Meersalz
und schwarzer Pfeffer
Maiskeimöl zum Braten

Aus dem Ei, dem Mehl, der Milch und dem Olivenöl einen Teig rühren. Gut schlagen, damit er luftig wird, dann eine Stunde ruhen lassen. Vor dem Backen noch einmal durchschlagen. Eine Pfanne leicht ölen und aus je einem Löffel Teig einen kleinen runden Pfannkuchen einseitig backen. Für die Füllung den Käse würfeln und die hartgekochten Eier mit der Gabel zerdrücken. Beides mit den Gewürzen unter den Hüttenkäse rühren. Zwei oder drei Teelöffel dieser Mischung mitten auf die ungebackene Seite jedes Pfannkuchens setzen, zusammenfalten und die Kanten festdrücken. Weiteres Maiskeimöl in die Pfanne gießen und heiß werden lassen. Die gefüllten Pfannkuchen von beiden Seiten goldbraun backen.

Malta

Rühreier mit Kürbisblüten

6 Eier
4 bis 5 Kürbis- oder
Zucchiniblüten
25 g Butter
Meersalz
und schwarzer Pfeffer

Eier mit einem Eßlöffel Wasser schlagen und würzen. Stengel von den Blüten schneiden. Butter in einer Pfanne erhitzen und die Blüten darin ein paar Minuten braten, dann das Rührei zufügen. Hitze erhöhen und die Eier mit einer Gabel rühren. Vom Feuer nehmen, bevor die Eier restlos gestockt sind.

Blumenkohl mit Eier-Senfsoße Griechenland

1 mittelgroßer Blumenkohl
6 Eier, hartgekocht

Soße:
2 EL Butter
1 kleine Zwiebel oder
3 Schalotten gehackt
85 g Pilze, gehackt
2 EL Weizen-Vollkornmehl
300 ml Gemüsebrühe
300 ml einfache Sahne
Meersalz
und schwarzer Pfeffer
1 EL Dijon- oder Meaux-Senf
(scharfer französischer Senf)

Blumenkohl in Röschen teilen, jedes mit einem Stück Stengel. In leichtem Salzwasser 4 Minuten kochen; sie sollen noch *al dente* sein. Gut abtropfen lassen. Eier schälen, 4 davon vierteln. Eine feuerfeste flache Form buttern und die geviertelten Eier darin auslegen, den Blumenkohl als Lage darüber. Die beiden restlichen Eier in Scheiben schneiden und über dem Blumenkohl verteilen. Für die Soße die Butter in einem Topf erhitzen, Zwiebeln und Pilze darin 5 Minuten zugedeckt garen. Das Mehl kurze Zeit anziehen lassen, dann nach und nach die Brühe, die Sahne und den Senf zufügen, bis sich eine dicke Soße ergibt. Abschmecken. Über Eier und Blumenkohl in der Form gießen. Inzwischen den Backofen auf 200° vorheizen und das Gericht darin 5 bis 7 Minuten backen.

Huevos Béchamel Empanadas Spanien

4 Eier
Meersalz
und schwarzer Pfeffer
60 g Butter
60 g Mehl
300 ml Milch
ein geschlagenes Ei
60 g braunes Paniermehl
Maiskeimöl zum Ausbacken

Die 4 Eier weich kochen, höchstens 5 Minuten. In kaltem Wasser abschrecken, schälen und beiseite stellen. Aus der Butter, dem Mehl, der Milch und den Gewürzen eine Béchamelsoße kochen und abkühlen lassen. Die Eier in die Soße tauchen, so daß sie von einer dünnen Lage bedeckt sind. Jedes Ei in das geschlagene Ei tauchen und in Paniermehl wälzen. In sehr heißem Öl ausbacken, bis sich eine knusprige Kruste bildet.

Israel

Spinatpfannkuchen

4 Eier
2 EL Olivenöl
120 g Weizen-Vollkornmehl
150 ml Milch
Meersalz
und schwarzer Pfeffer
1,25 kg Spinat
60 g Butter
40 g Weizen-Vollkornmehl
150 ml Milch
120 g Parmesan, gerieben
120 g Cheddar, gerieben
300 ml saure Sahne

Aus den Eiern, dem Olivenöl, der Milch, dem Mehl und den Gewürzen einen dicken Teig rühren. Den Spinat in einem geschlossenen Topf 10 Minuten garen, dann die Hitze verstärken, Deckel abnehmen und restliche Flüssigkeit verdampfen lassen. Spinat grob hacken. Die Butter in einem Topf schmelzen lassen, Mehl zugeben und kurz garen, dann die Milch einrühren und eine dicke Soße machen. Diese zum Spinat geben. 12 bis 15 Pfannkuchen aus dem Teig backen; sollte der erste zu dick ausfallen, etwas mehr Milch zugeben. Auf Küchenpapier abtropfen lassen. Eine tiefe Souffléform buttern, einen Pfannkuchen auf den Boden legen, mit Spinat bedecken und mit beiden Käsesorten bestreuen. Den nächsten Pfannkuchen darauflegen, wiederum mit Spinat bedecken und mit Käse bestreuen. So fortfahren und mit einem Pfannkuchen enden. Mit der sauren Sahne begießen und mit dem restlichen Käse bestreuen. Den Backofen auf 200° vorheizen und das Gericht darin backen, bis die Oberfläche Blasen wirft, etwa 15 Minuten.

Spanien

Huevos Arriba España

4 Eier
4 Scheiben Vollkornweißbrot
6 Knoblauchzehen
150 ml Olivenöl
60 g Manchego-Käse, gerieben
eine Prise Cayenne-Pfeffer
Meersalz
und schwarzer Pfeffer

Knoblauchzehen in einer Bratpfanne zerdrücken, etwas Olivenöl zugeben und eine Brotscheibe nach der anderen rösten, bis sie braun ist. Öl nachgießen, das Brot saugt viel Öl auf. Die fertigen Brotscheiben auf ein Backblech legen. Eier trennen, auf jede Scheibe ein Dotter legen. Eiweiß steif schlagen, den geriebenen Käse und die Gewürze unterheben. Über jeden Dotter Eiweiß löffeln, Blech in den vorgeheizten Backofen schieben und bei 200° zehn Minuten backen.

Œufs à la Crecy

Frankreich

einige Eier, weichgekocht
450 g junge Möhren, gekocht
Saft und Schale einer Orange
2 Eidotter
300 ml Milch
3 Lorbeerblätter
Meersalz und schwarzer Pfeffer
25 g Butter
25 g Mehl

Möhren mit dem Saft und der Orangenschale sowie den Eidottern in einen Mixer geben, etwas würzen und zu einem Püree verarbeiten. In eine flache Steingutschüssel füllen. Die weichen Eier schälen und auf das Püree setzen. Im Backofen warm halten. Butter in einer Pfanne schmelzen, das Mehl einrühren und kurz garen. Milch und Lorbeerblätter dazugeben und unter Rühren zu einer glatten Soße kochen. Lorbeerblätter herausnehmen und die Soße über die Eier gießen. Unter einem heißen Grill ein paar Minuten überbacken.

Œufs dur soubise

Frankreich

450 g Zwiebeln
55 g Butter
25 g Weizen-Vollkornmehl
150 ml Milch
Meersalz und schwarzer Pfeffer
4 Eier, hartgekocht

Zwiebeln in dünne Scheiben schneiden und in der Butter bei geschlossenem Topf 10 Minuten dünsten. Gewürze zugeben, das Mehl einrühren und kurz garen. Dann die Milch einrühren und eine dicke Soße machen. Eine flache Steinzeugform gut mit Butter einpinseln. Die Eier schälen, halbieren und in der Form auslegen. Die Zwiebelsoße darübergießen und im auf 200° vorgeheizten Backofen 10 Minuten backen.

Frankreich

Spinat-Timbale

5 Eier
25 g Butter
55 g Paniermehl
55 g milder Hartkäse, etwa Gruyère
225 g Spinat
1 Zwiebel
eine Prise Muskat
300 ml Milch
Meersalz und schwarzer Pfeffer
Butter für die Form

Eine Souffléform buttern und Boden und Seiten mit Paniermehl bestreuen. Backofen auf 180° vorheizen. Spinat in einem geschlossenen Topf 5 Minuten garen, dann zu einem Püree verarbeiten. Zwiebel in der Butter weich braten und zum Spinat geben, ebenso den Käse, das Muskat, Salz und Pfeffer und das übrige Paniermehl. Eier schlagen und unter die Mischung rühren. Die Milch erhitzen, nach und nach zugeben, die Mischung dabei schlagen. Die fertige Masse im Wasserbad (eine Backform mit kochendem Wasser) 45 Minuten im Backofen garen. Die fertige Timbale 5 Minuten abkühlen lassen, dann auf eine vorgewärmte Platte stürzen. Man kann sie mit Tomatensoße servieren.

Italien

Sformato di Zucchini

675 g Zucchini
75 g Butter
2 EL Weizen-Vollkornmehl
300 ml einfache Sahne
50 g Taleggio, gewürfelt
50 g Parmesan, gerieben
Meersalz und schwarzer Pfeffer
6 Eier

Zucchini in Scheiben schneiden und in der Butter weich dünsten, etwa 10 Minuten. Das Mehl einrühren und eine weitere Minute garen. Nach und nach die Sahne zugeben, dann die Käsesorten. Weiter kochen, bis der Käse geschmolzen ist, etwa eine Minute. Vom Feuer nehmen. Eine Soufflé- oder Charlotteform buttern. Die Käsemischung würzen, etwas abkühlen lassen, dann die Eier hineinschlagen. Backofen auf 180° vorheizen, Mischung in die Form füllen und im Wasserbad etwa 40 Minuten backen.

Papeton d'Aubergines Frankreich

5 oder 6 Spinatblätter	*1 TL Oregano*
675 g Auberginen	*Meersalz*
Salz	*und schwarzer Pfeffer*
eine große Zwiebel	*4 Eier*
5 EL Olivenöl	*150 ml einfache Sahne*
3 Knoblauchzehen, zerdrückt	*675 g Tomaten*

Spinat einige Sekunden blanchieren. Auberginen schälen, in Stücke schneiden, mit Salz bestreuen und 30 Minuten ziehen lassen. Eine Soufflé- oder Charlotteform buttern und mit den Spinatblättern so auslegen, daß man sie später oben über die Füllung falten kann. Überschüssiges Salz von den Auberginen spülen und trockentupfen. Zwiebel schälen und in Scheiben schneiden. Öl in einem Topf erhitzen, Zwiebel, Auberginen, Knoblauch und Oregano darin dünsten, bis alles gar ist; etwa 20 Minuten. Abkühlen lassen, dann zu einem Püree verarbeiten. In eine Schüssel füllen. Eier schlagen und mit der Sahne unterrühren. Abschmecken und evtl. nachwürzen. Das Püree in die Souffléform gießen, den Spinat darüber falten. Backofen auf 180° vorheizen, das Gericht im Wasserbad 45 bis 50 Minuten garen. Vor dem Umstürzen 10 Minuten ruhen lassen. Die Tomaten im geschlossenen Topf 10 Minuten kochen, würzen, pürieren und durch ein Sieb geben.

Nudel- und Reisgerichte

Sizilien

Spaghetti con Aglio e Olio
Spaghetti mit Knoblauch und Öl

340 g Vollkorn-Spaghetti
5 EL Olivenöl
10 Knoblauchzehen, fein gehackt
Meersalz und schwarzer Pfeffer
4 EL Petersilie, fein gehackt

In einem großen Topf Spaghetti in leicht gesalzenem Wasser *al dente* kochen, 8 bis 10 Minuten. Gut abtropfen lassen und warm stellen. In einem anderen Topf das Öl erhitzen und den Knoblauch kurz anbraten, dann die Spaghetti zugeben. Kräftig umrühren, damit sie völlig mit Öl überzogen werden. Würzen und mit Petersilie bestreuen. Vor dem Auftragen nochmals durchrühren.

Italien

Spaghettini alla Rustica Spaghetti bäuerlich

900 g frische Tomaten
150 ml Olivenöl
5 Knoblauchzehen, zerdrückt
5 EL frisches Basilikum, gehackt
Meersalz und schwarzer Pfeffer
450 g Vollkorn-Spaghettini
140 g Parmesan, frisch gerieben

Tomaten, Olivenöl und Knoblauch mit etwas Pfeffer und Salz in einen Topf geben und bei geschlossenem Deckel auf schwacher Hitze 10 Minuten garen. In einen Mixer geben, Basilikum zufügen und pürieren. Durch ein Sieb rühren und im Topf wieder erhitzen. Inzwischen die Spaghettini in reichlich Salzwasser gar kochen. Abgießen und in eine vorgewärmte Schüssel füllen. Die heiße Soße darübergießen. Die Hälfte des Käses über die Nudeln streuen, vom Rest nimmt sich bei Tisch jeder nach Wunsch.

Spaghetti alla Puttanesca Süditalien

Spaghetti mit Oliven, Kapern und Tomaten

140 ml Olivenöl
85 g Butter
6 Knoblauchzehen
4 EL Kapern
450 g frische Tomaten
85 g schwarze Oliven, entsteint und halbiert
Meersalz und schwarzer Pfeffer
340 g Spaghetti
3 EL Petersilie, fein gehackt

Öl und Butter in einer großen Pfanne erhitzen, Tomaten vierteln und mit dem Knoblauch und den Kapern darin 5 Minuten garen. Würzen, Oliven darüber verteilen. Spaghetti in reichlich Salzwasser *al dente* kochen, abgießen und in eine vorgewärmte Schüssel füllen. Soße darüber gießen und mit Petersilie bestreuen.

Spaghetti ai Peperoni Spaghetti mit Paprika Italien

450 g Paprika, rot und gelb gemischt
2 Zwiebeln, fein geschnitten
5 EL Olivenöl
450 g frische Tomaten
Meersalz und schwarzer Pfeffer
340 g Vollkorn-Spaghetti

Paprika unter einen heißen Grill legen, bis die Haut Blasen wirft. Abkühlen lassen, schälen, Samen und Samenstände entfernen. Olivenöl in einem Topf erhitzen und die Zwiebelstücke ein paar Minuten garen, bis sie weich sind. Paprika in Stücke schneiden, zugeben und weitere 3 oder 4 Minuten garen. Die grob gehackten Tomaten beifügen und 10 Minuten garen. Spaghetti in reichlich Salzwasser kochen, abgießen, in eine vorgewärmte Schüssel füllen und mit der Soße übergießen.

Norditalien

Penne ai quattro Formaggi
Dicke Maccaronistücke mit 4 Käsen

340 g Vollkorn-Penne
85 g Butter
55 g Parmesan, gerieben
85 g Gruyère, gerieben
85 g Bel Paese, gewürfelt
85 g Mozzarella, gewürfelt
Meersalz
und schwarzer Pfeffer

Nudeln in gesalzenem Wasser *al dente* kochen, etwa 15 bis 18 Minuten. Gut abtropfen lassen und zurück in den Topf geben. Die Hälfte der Butter und die Hälfte des Parmesans unterheben. Alle übrigen Käse zugeben, würzen und gut vermischen. Eine flache feuerfeste Form buttern und die Nudeln hineingeben. Die restliche Butter darübergießen und mit dem übrigen Parmesan bestreuen. In einem vorgeheizten Backofen bei 200° 15 Minuten backen.

Italien

Fettucini all'Alfredo

350 g Vollkorn-Fettucini
60 g Butter
280 ml dicke Sahne
120 g Parmesan, gerieben
Meersalz
und schwarzer Pfeffer

Nudeln kochen wie im vorigen Gericht. Butter und Sahne in eine flache feuerfeste Form geben und vorsichtig erhitzen. Nudeln gut abtropfen lassen, in die Soße geben, mit viel Pfeffer und wenig Salz würzen, mit Parmesan bestreuen. Ein paar Minuten unter einen heißen Grill setzen und servieren.

Italien

Tortiglioni al Gorgonzola
Spiralnudeln mit Gorgonzolasoße

350 g Vollkorn-Tortiglioni
140 g Gorgonzola, gewürfelt
150 ml einfache Sahne
60 g Butter
Meersalz
und schwarzer Pfeffer
60 g Parmesan, gerieben

Pasta *al dente* kochen. Sahne, Butter, Gewürze und Gorgonzola in eine flache feuerfeste Form geben und über schwacher Hitze rühren, bis sich eine glatte Soße ergibt. Die Nudeln gut abtropfen lassen, dazugeben und gut vermischen. Mit Parmesan überstreuen und kurze Zeit unter einen heißen Grill setzen.

Pasticcio di Lasagne Italien
Gebackene Lasagne mit Pilzen und Käsen

450 g Vollkorn-Lasagne
450 g Pilze, dünn geschnitten
5 Knoblauchzehen, zerdrückt
60 g Butter
Meersalz
und schwarzer Pfeffer
140 g Bel Paese, gewürfelt
140 g Gruyère, gewürfelt
170 g Parmesan, gerieben
280 ml dicke Sahne

Lasagne in 15 bis 20 Minuten garkochen. Gut abtropfen lassen und eine feuerfeste Form oder eine Backform mit einem Teil auslegen. Butter in einer Pfanne zerlassen und die Pilze zusammen mit dem Knoblauch darin 10 Minuten braten. Mit Salz und Pfeffer würzen und über die Lasagne in der Form verteilen. Die Käsewürfel auf die Pilze legen und die Hälfte des Parmesans obenauf streuen. Eine Lage Lasagne darüber legen, die Sahne darüber gießen und die restliche Lasagne auflegen und mit dem restlichen Parmesan bestreuen. In einem vorgeheizten Backofen bei 200° backen, bis die Oberfläche braun ist und Blasen wirft.

Alcochofas con Arroz Artischocken-Paella Spanien

6 junge Artischocken
225 g brauner Reis
5 Tomaten
1 Zwiebel
5 Knoblauchzehen, zerdrückt
850 ml Gemüsebrühe
eine Prise Safran
140 ml Olivenöl
Meersalz
und schwarzer Pfeffer

Artischocken putzen und vierteln, Zwiebel und Tomaten in Scheiben schneiden. Knoblauch mit dem Öl in einem Topf erhitzen und die Gemüse zugeben. Zwei Minuten garen, dann den Reis, die Gewürze und den Safran zugeben und weitere zwei Minuten garen. Die Gemüsebrühe einrühren. Das Gericht in einen vorgeheizten Backofen stellen und bei 190° 45 Minuten backen.

Spanien

Arroz a la Primavera Frühlingsreis

ein Blumenkohl
450 g frische Erbsen
6 junge Artischocken
150 ml Olivenöl
60 g Butter
225 g brauner Reis
Meersalz
und schwarzer Pfeffer
850 ml Gemüsebrühe

Erbsen aus den Schoten palen, Blumenkohl in Röschen zerlegen, Artischoken putzen und vierteln. Gemüse in schwach gesalzenem Wasser 5 Minuten kochen und abgießen. Öl und Butter in einem großen Topf erhitzen, Gemüse und Reis zugeben und gut umrühren, dann die Brühe zugießen. In einem vorgeheizten Backofen bei 190° 45 Minuten backen.

Spanien

Arroz con Garbanzos Reis mit Kichererbsen

225 g brauner Reis
6 Knoblauchzehen, zerdrückt
2 Zwiebeln, in Scheiben
eine grüne Chilischote klein geschnitten, ohne Samen
2 grüne Paprika, klein geschnitten, ohne Samen
150 ml Olivenöl
Meersalz
und schwarzer Pfeffer
225 g Kichererbsen, am Vortag eingeweicht
2 EL Petersilie, gehackt
4 Eier
850 ml Gemüsebrühe

Öl in einem großen Topf erhitzen und Zwiebeln, Knoblauch, Chili und Paprika ein paar Minuten darin braten, dann den Reis zugeben und die Gemüsebrühe. In einem vorgeheizten Backofen bei 190° 45 Minuten backen.
Vorher die Kichererbsen in reichlich Salzwasser 2 Stunden kochen. Gut abgießen und auf den Reis geben, wenn die Paella gar ist. Warmstellen. Die Eier schlagen und obenauf gießen. Das Gericht zurück in den Backofen stellen und die Eier gar werden lassen, was nur wenige Minuten dauert. Vor dem Auftragen mit Petersilie bestreuen.

Pastitsio Makkaroni-Auflauf Griechenland

450 g Tomaten
6 Knoblauchzehen, zerdrückt
2 EL Basilikum, gehackt
3 EL Olivenöl
340 g Vollkorn-Makkaroni
55 g Butter
115 g Feta-Käse
Meersalz
und schwarzer Pfeffer
300 ml Béchamelsoße

Tomaten, Knoblauch und Olivenöl in einem Topf mit gut schließendem Deckel kochen. In einen Mixer geben, das Basilikum zufügen sowie etwas Salz und Pfeffer und zu einem Püree verarbeiten. Durchsieben und beiseite stellen. Makkaroni in Salzwasser gar kochen, etwa 20 Minuten. Gut abtropfen lassen, zurück in den Topf geben, Butter und Feta-Käse zufügen, unterheben und gut vermischen. Eine tiefe Auflaufform buttern, die Hälfte der Béchamelsoße einfüllen, die Hälfte der Makkaroni darüberdecken und mit der Hälfte der Tomatensoße begießen. Die restliche Béchamelsoße zugießen, die zweite Lage Makkaroni auflegen, mit der übrigen Tomatensoße begießen. In einem vorgeheizten Backofen bei 200° 30 bis 40 Minuten garen.

Risotto con Spinaci Spinat-Risotto Italien

85 g Butter
3 EL Olivenöl
3 Knoblauchzehen, zerdrückt
2 Zwiebeln, fein gehackt
450 g Blattspinat
340 g brauner Reis
850 ml Gemüsebrühe
Meersalz
und schwarzer Pfeffer
60 g Parmesan, gerieben

Butter und Olivenöl in einem großen Topf erhitzen, Knoblauch und Zwiebeln zugeben und ein paar Minuten braten. Vom Spinat die Stengel entfernen und die Blätter hakken. Zum Fett in den Topf geben und kochen, bis der Spinat zusammengefallen ist. Reis zugeben und ein paar Minuten rühren, damit nichts anklebt. Die Hälfte der Brühe zugeben und auf kleiner Flamme bei geschlossenem Topf weiterkochen, etwa 30 Minuten. Sollte der Reis austrocknen, weitere Brühe zugeben. Der Reis soll jedoch auf keinen Fall matschig werden. Mit Pfeffer und Salz abschmekken und vor dem Servieren den Parmesan einrühren.

Türkei

Sultans Pilav

50 g Butter
2 EL Olivenöl
340 g brauner Reis
570 ml Gemüsebrühe
50 g Sultaninen
50 g Korinthen
½ TL Kreuzkümmel
50 g Pistazien, gehackt
50 g Walnüsse, gehackt
eine Prise Safran
Meersalz
und schwarzer Pfeffer

Öl und Butter in einem großen Topf erhitzen. Reis, Kreuzkümmel und Safran zugeben und unter Rühren ein paar Minuten garen. Die restlichen Zutaten zugeben und bei geschlossenem Topf 40 bis 45 Minuten kochen.

Libanon

Vermicelli Pilav

50 g Butter
3 EL Olivenöl
1 Zwiebel, gehackt
3 Knoblauchzehen, zerdrückt
Meersalz
und schwarzer Pfeffer
50 g Sultaninen
115 g Vermicelli (Nudeln)
225 g brauner Reis
850 ml Gemüsebrühe

Butter und Olivenöl in einem Topf erhitzen, Zwiebel und Knoblauch darin anbraten. Die Sultaninen zugeben; Vermicelli in Stücke brechen und zugeben, ebenso den Reis. Auf kleiner Flamme unter Rühren weiter garen. Brühe eingießen, würzen und zum Kochen bringen. Hitze zurückschalten und 40 Minuten simmern lassen. Pilav vom Herd nehmen und 10 Minuten ohne Deckel stehen lassen. Mit einer Gabel durchrühren, damit er luftig wird.

Türkei

Bulgur-Pilav

50 g Butter
4 EL Olivenöl
2 Zwiebeln, fein gehackt
5 Knoblauchzehen, zerdrückt
225 g Bulgur-Weizen (Reformhaus)
425 ml Gemüsebrühe
Meersalz
und schwarzer Pfeffer

Butter und Öl in einem Topf erhitzen und Zwiebeln mit dem Knoblauch darin anbraten. Bulgur einrühren und kurze Zeit weitergaren. Brühe angießen, zum Kochen bringen und 10 bis 15 Minuten kochen lassen. Abschmecken und, falls gewünscht, weitere Butter zugeben.

Hirse-Pilav Ägypten

225 g Hirse
4 EL Olivenöl
3 Knoblauchzehen, zerdrückt
Meersalz
und schwarzer Pfeffer
225 ml Gemüsebrühe
2 grüne Paprika, fein gehackt
3 Tomaten, fein gehackt
2 Zwiebeln, fein gehackt
je 2 EL Petersilie und Minze, fein gehackt

Öl in einem Topf erhitzen und die Hirse zugeben, ebenso Knoblauch, Salz und Pfeffer. Unter Rühren Hirse goldbraun werden lassen, dann die Brühe zugießen, Deckel auflegen und bei kleiner Hitze etwa 15 Minuten simmern. Deckel abnehmen, Paprika, Tomaten und Zwiebeln einrühren und weitere 2 Minuten garen. Unmittelbar vor dem Auftragen mit den Kräutern bestreuen.

Tayiatela me Melitzanes Tagliatelle mit Auberginen Griechenland

2 Auberginen
340 g Volkorn-Tagliatelle
285 ml Tomatensoße
115 g Feta-Käse, gerieben
115 g Gruyère, gerieben
85 g Butter
3 EL Olivenöl
Meersalz
und schwarzer Pfeffer

Auberginen in Scheiben schneiden und salzen. Eine Stunde stehen lassen, dann das Salz abwaschen und die Scheiben trocken tupfen. In Butter und Olivenöl braten, bis sie gerade braun und knusprig sind. Inzwischen die Tagliatelle in reichlich Salzwasser *al dente* kochen, etwa 20 Minuten. Gut abtropfen lassen. Eine flache feuerfeste Schüssel buttern und die Hälfte der Tagliatelle auf dem Boden ausbreiten. Mit der Hälfte der Auberginenscheiben bedecken und mit der Hälfte der Tomatensoße übergießen. Die Hälfte der beiden Käse aufstreuen. Dann wieder eine Lage Nudeln, Auberginen, Tomatensoße und Käse auflegen. In einem vorgeheizten Backofen bei 200° backen, bis die Oberseite braun wird und Blasen wirft, etwa 15 bis 20 Minuten.

Griechenland

Kroketes me Ryzi Reis-Kroketten

340 g brauner Reis
120 g Feta-Käse
3 Eier
50 g Vollkornmehl
50 g Pinienkerne
2 TL Oregano, getrocknet
5 Knoblauchzehen, zerdrückt
eine Zwiebel, fein gehackt
2 EL Petersilie, fein gehackt
Meersalz
und schwarzer Pfeffer

Reis in 850 ml Wasser gar kochen, dann Käse, Pinienkerne, Oregano, Knoblauch und Zwiebel zugeben und gut durchrühren. Eier trennen und die Dotter zum Reis geben, ebenso Petersilie und Gewürze. Aus dem Reis kleine Bällchen formen, in das Eiklar tauchen, dann in Mehl rollen. In heißem Maiskeimöl knusprig-braun ausbacken.

Italien

Risi e Bisi

900 g grüne Erbsen
4 kleine Artischocken
1 kleine Zwiebel, gehackt
2 Knoblauchzehen, zerdrückt
115 g Butter
225 g brauner Reis
850 ml Gemüsebrühe
Meersalz
und schwarzer Pfeffer
50 g Parmesan, gerieben

Erbsen aus den Hülsen palen, Artischocken putzen und vierteln. Butter in einem großen Topf erhitzen, Zwiebel und Knoblauch darin kurz anbraten. Erbsen und Artischocken einrühren und bei mittlerer Hitze kurz garen. Reis zufügen und zwei bis drei Minuten weitergaren, bis der Reis die Butter aufgesogen hat. Die Brühe zugeben, würzen und zugedeckt 40 Minuten kochen. Vor dem Servieren den Parmesan einrühren.

Italien

Gebratene Polenta

300 g Maisgrieß
½ TL Salz
1,5 l Wasser
25 g Butter
3 EL Olivenöl
etwas Muskat, nach Wunsch

Wasser mit dem Salz zum Kochen bringen und den Grieß »im dünnen Faden« einrieseln lassen, dabei kräftig rühren. Unter Rühren 20 Minuten simmern lassen. Hitze zurückschalten, eine Asbestplatte unter den Topf legen und die Polenta 30 Minuten ausquellen lassen. In eine flache Form oder ein Backblech gießen und über Nacht fest werden lassen. In Würfel von etwa 5 cm Kantenlänge schneiden und in Butter und Öl braun braten.

Gnocchi alla Romana Italien

570 ml Milch
Meersalz und schwarzer Pfeffer
½ TL Muskat
170 g Vollkorngrieß
120 g Parmesan, gerieben
60 g Gruyère, gerieben
120 g Butter
1 Ei, geschlagen

Salz, Pfeffer und Muskat zur Milch geben und diese zum Kochen bringen. Unter ständigem Rühren den Grieß einrieseln lassen. Bei sehr niedriger Hitze weiterrühren, bis sich ein dicker Brei bildet. Vom Herd nehmen und etwas abkühlen lassen. Das geschlagene Ei unterrühren, dann den Gruyère, die Hälfte des Parmesans und die Hälfte der Butter. Abschmecken, evtl. mit Pfeffer nachwürzen. Den Brei auf einem Backblech oder auf einer Marmorplatte etwa 1 cm hoch ausbreiten und abkühlen lassen, z. B. über Nacht. In Vierecke oder Dreiecke schneiden und so in eine feuerfeste Form schichten, daß sich die Stücke überlappen. Mit der restlichen Butter übergießen und mit dem restlichen Parmesan bestreuen. Im vorgeheizten Backofen bei 200° 20 Minuten backen.

Cannelloni gefüllt mit Kohlpüree Ägypten

6 Blätter Vollkorn-Cannelloni
1 Frühlingskohl
60 g Butter
1 TL Koriander, zerdrückt
60 g Feta- oder salziger Ziegenkäse
60 g Quark
Meersalz und schwarzer Pfeffer
150 ml saure Sahne
1 EL Parmesan, gerieben

Cannelloni in reichlich Salzwasser *al dente* kochen, etwa 10 bis 15 Minuten. Abtropfen lassen. Kohl dünn schneiden und zusammen mit der Butter und dem Koriander in einem dichtschließenden Topf gar kochen, etwa 10 Minuten. Abkühlen lassen, dann pürieren. Beide Käsearten untermischen und würzen. Jeweils 2 Eßlöffel dieser Mischung auf eine Cannelloni-Scheibe setzen, aufrollen und die Enden versiegeln. Fertige Cannelloni in eine gebutterte feuerfeste Form legen, mit der sauren Sahne übergießen und mit Parmesan bestreuen. In einem vorgeheizten Backofen bei 200° 15 bis 20 Minuten backen.

Tunesien

Cannelloni gefüllt mit Linsenpüree

6 Blätter Vollkorn-Cannelloni
225 g rote Linsen
5 EL Olivenöl
5 Knoblauchzehen, zerdrückt
1 Zwiebel
je 1 TL Oregano und Kreuzkümmel
1 grüne Chilischote, gehackt (ohne Samen)
Meersalz und schwarzer Pfeffer
150 ml saure Sahne
60 g Parmesan, gerieben

Cannelloni vorbereiten wie im vorigen Rezept. Linsen eine halbe Stunde einweichen. Öl in einen Topf gießen, Knoblauch, Zwiebel, Oregano, Kreuzkümmel und Chilipfeffer darin 2 bis 3 Minuten anbraten. Die Linsen dazugeben und einen Augenblick in dem Öl garen. Dann 850 ml Wasser zugeben und 20 Minuten simmern. Abkühlen lassen und zu einem dicken Püree verarbeiten. Ist das Püree nicht dick genug, etwas Paniermehl und Quark zugeben. Mit Salz und Pfeffer abschmecken. Auf jede Teigscheibe zwei Eßlöffel der Masse setzen, aufrollen und die Enden versiegeln. Dann überbacken wie im obigen Rezept.

Italien

Kartoffel-Gnocchi

675 g Kartoffeln
120 g Vollkorn-Weizenmehl
60 g Butter
2 Eidotter
Meersalz und schwarzer Pfeffer

Kartoffeln schälen und kochen. Wenn sie gar sind, abgießen und wieder zurück auf die Kochstelle geben. Bei kräftigem Hin- und Herschütteln gut austrocknen lassen. Dann zerstampfen und durch ein Sieb treiben. In einer großen Schüssel Kartoffelbrei mit Mehl und Butter vermischen und gut durchkneten. Die Eidotter zugeben und großzügig würzen. Einen Topf mit Salzwasser zum Kochen bringen. Den Kartoffelteig zu einer Wurst ausrollen und diese in knapp zentimeterdicke Scheiben schneiden. Gnocchi in das simmernde Salzwasser geben. Sie sind in wenigen Minuten gar und steigen nach oben. Mit dem Schaumlöffel herausnehmen und warmstellen. Dazu reicht man Pesto oder Tomatensoße.

Pasteten und Pizzen

Tourtière aux Champignons Pilzpastete

Frankreich

Teig wie im vorigen Rezept
225 g Pilze
170 g brauner Reis, gekocht
60 g Butter
2 EL frische Salbeiblätter, gehackt
3 Eier, hartgekocht
60 g Butter
Meersalz und schwarzer Pfeffer
2 Zwiebeln, fein gehackt

Teig wie im vorigen Rezept zubereiten und eine Pastetenform damit auslegen. Von den Pilzen die Stengel abschneiden und mit den Lamellen nach oben auf dem Boden auslegen. Stengel hacken und darüberstreuen. Zwiebeln in der Butter weich braten, zum Reis geben, ebenso den Salbei und die Gewürze, unterheben und auf die Pilze legen. Eier schälen, halbieren und in die Reismischung drücken. Die restliche Butter schmelzen und darübergießen. Mit einem Teigdeckel verschließen und im vorgeheizten Backofen bei 190° eine halbe Stunde garen.

Pitta-Brot

Libanon

1 TL getrocknete Hefe
1 TL brauner Zucker
60 ml warmes Wasser
225 g Weißmehl
225 g Vollkornmehl
½ TL Salz, 300 ml Wasser

Zucker auf die Hefe streuen und warmes Wasser darübergießen. In einem warmen Raum 20 Minuten stehen lassen, um die Hefe zu aktivieren. Die beiden Mehlsorten in eine Rührschüssel füllen, Salz, Hefe und Wasser zugeben und zu einem Teig verkneten. 15 Minuten durchkneten. Zugedeckt an einem warmen Ort gehen lassen. Noch einmal für zwei oder drei Minuten durchkneten, dann den Teig zu golfballgroßen Stücken formen. Jeden Ball zu einem Kreis von 7 bis 8 mm Dicke und etwa 12 cm Durchmesser ausrollen. Noch mal an einem warmen Ort 20 Minuten gehen lassen. Backofen auf 230° vorheizen. Die Teigkreise auf das heiße Backblech setzen und 8 Minuten backen. Die fertigen Brote kann man quer durchschneiden und mit den verschiedensten Mischungen füllen. So werden sie sehr häufig verwendet, besonders für unterwegs.

Ägypten

Lenten-Brote

Pittateig wie im vorigen Rezept
115 g Sesamkörner
50 g Kreuzkümmel
50 g Mandeln, gehackt
115 g brauner Zucker
2 EL Maiskeimöl

Pitta-Brot ofenfertig vorbereiten. Alle anderen Zutaten miteinander mischen, evtl. mehr Öl zugeben, wenn die Mischung nicht zusammenhält. Etwa je zwei Eßlöffel der Mischung auf jedes Teigstück setzen. Im vorgeheizten Backofen bei 200° 6 Minuten backen.

Frankreich

Tourte aux Feuilles de Bettes Mangoldpastete

Teig:
285 g Vollkorn-Weizenmehl
140 g Butter
eine Prise Salz
1 Ei
1 EL Wasser

Füllung:
900 g Mangold
2 EL Butter
170 g Quark
60 g Parmesan, gerieben
3 Knoblauchzehen, zerdrückt
Meersalz
und schwarzer Pfeffer

Für den Teig das Mehl in eine Schüssel sieben, Salz zugeben und die Butter in Flöckchen beifügen, bis sich eine Krümelstruktur ergibt. Das Ei mit dem Wasser schlagen und einarbeiten, bis sich eine Paste bildet. Ausrollen und Boden und Seiten einer Pastetenform damit auskleiden. Vom Mangold die Stengel abschneiden, klein schneiden und eine halbe Stunde garen. Nach 20 Minuten die gehackten Blätter zugeben. Die Käsesorten, den Knoblauch und die Gewürze untermischen und die Füllung in die ausgelegte Form füllen. Die Oberseite mit einem Teigdeckel verschließen. Mit etwas geschlagenem Ei bepinseln und in der Mitte ein Loch bohren. Im vorgeheizten Backofen bei 190° eine halbe Stunde backen.

Kartoffel-Boreks Türkei

2 Blätter Fyllo-Teig
60 g geschmolzene Butter
450 g Kartoffeln
85 g Butter
2 EL Milch
2 EL Petersilie, gehackt
2 EL Minze, gehackt
1 Ei, geschlagen
Meersalz
und schwarzer Pfeffer

Kartoffeln schälen, vierteln und weichkochen. Gut abgegossen in eine Schüssel geben, Milch, Butter, Ei, Petersilie und Minze dazutun und zu einem dicken Brei verarbeiten. Mit Salz und Pfeffer würzen. Jede Fyllo-Scheibe in 4 Teile schneiden, jedes Teil mit geschmolzener Butter bepinseln. Den Kartoffelteig in 8 Portionen teilen, jede Portion zu einer kleinen Wurst ausrollen. Auf ein Stück Fyllo-Teig legen und aufrollen, die Enden einschlagen. Jedes Stück mit Butter einpinseln. Auf einem geölten Backblech im vorgeheizten Backofen bei 190° 25 Minuten backen.

Auberginen-Pastete Malta

Fertiger Teig aus Vollkornmehl
2 Auberginen
2 Zwiebeln
150 ml Olivenöl
300 ml Tomatensoße
3 Knoblauchzehen, zerdrückt
1 TL Oregano
1 TL Thymian
170 g Quark
60 g Hartkäse
oder Parmesan
Meersalz
und schwarzer Pfeffer

Auberginen quer in knapp 1 cm dicke Scheiben schneiden, mit Salz bestreuen und eine Stunde stehen lassen. Sie sollen etwas von ihrem Bittergeschmack verlieren. Die Hälfte des Teiges ausrollen und eine Pastetenform damit auslegen. Die beiden Käsesorten mischen und den Boden der Form damit belegen. Das Salz von den Auberginenscheiben abwaschen und die Stücke trocken tupfen. Olivenöl in einem Topf erhitzen, Oregano, Thymian und Knoblauch zugeben, dann die gehackten Zwiebeln und die Auberginenscheiben. Knusprig braten. Diese Mischung in die Form auf dem Käse ausbreiten, mit Salz und Pfeffer würzen und mit der Tomatensoße bedecken. Die andere Hälfte des Teiges ausrollen und als Deckel auflegen. Im vorgeheizten Backofen bei 190° 25 Minuten backen.

Italien

Torta di Zucchini

450 g Fertigteig aus Vollkornmehl
900 g Zucchini
50 g Butter
Meersalz
und schwarzer Pfeffer

Soße:
25 g Mehl
25 g Butter
280 ml einfache Sahne
150 ml Milch
85 g Parmesan, gerieben
2 Eidotter
Meersalz
und schwarzer Pfeffer
eine Prise Muskat

Eine Pastetenform mit der Hälfte des Teigs auslegen. Zucchini in Scheiben schneiden und in der Butter mit Salz und Pfeffer garen, bis sie weich sind; etwa 10 Minuten. Für die Soße die Butter schmelzen lassen, das Mehl zugeben und kurz aufkochen lassen, dann die Milch zufügen, danach die Sahne und den Käse. In einem anderen Gefäß die Eidotter mit etwas von dieser Soße vermischen, dann wieder zur Soße geben. Mit Salz, Pfeffer und Muskat würzen. Nun die Zucchini an die Soße geben, alles gut durchmischen und in die ausgelegte Pastetenform gießen. Den restlichen Teig als Deckel ausrollen und darüber legen. Im vorgeheizten Backofen bei 190° 25 Minuten backen.

Türkei

Kichererbsen-Brot

Pittateig wie zu Pitta-Brot S. 97
225 g Kichererbsen, gekocht
3 Knoblauchzehen, zerdrückt
50 g Sesam
Meersalz
und schwarzer Pfeffer

Pittateig ofenfertig vorbereiten. Knoblauch und Kichererbsen mischen. Etwas von dieser Mischung auf jedes Teigstück legen, mit Sesam bestreuen und würzen. Im vorgeheizten Backofen bei 200° 6 Minuten backen.

Empanada de Alcachofas con Vino Blanco Spanien
Artischockenpastete in Weißwein

450 g Fertigteig aus Vollkornmehl
12 kleine Artischocken oder eine Büchse Artischockenherzen (400 g)
2 Zwiebeln, fein geschnitten
3 Knoblauchzehen, zerdrückt
1 EL Vollkornmehl
150 ml Weißwein
280 ml kräftige Gemüsebrühe
2 EL Petersilie, gehackt

Eine Pastetenform mit der Hälfte des Teiges auslegen. Bei frischen Artischocken Stengel putzen und äußere Blätter entfernen, vierteln und 10 Minuten kochen. Gut abtropfen lassen und auf den Boden der Form legen. Bei Büchsenwaren Inhalt abgießen und auf dem Boden der Form verteilen. Öl in einer Pfanne erhitzen und Zwiebeln und Knoblauch darin anbraten. Wenn sie weich sind, das Mehl einrühren und alles zu einer Paste verarbeiten. Die Gemüsebrühe und den Wein zugeben, bis sich eine genügend dicke Soße ergibt. Nachwürzen, Petersilie zugeben und über die Artischocken gießen. Aus dem restlichen Teig einen Deckel ausrollen und über den Inhalt legen. Im vorgeheizten Backofen bei 190° 25 Minuten backen.

Pizzateig Italien

1½ TL getrocknete Hefe
½ TL Zucker
200 g Weizenvollkornmehl
1 EL Olivenöl
1 TL Salz

Hefe mit dem Zucker mischen und etwa 120 ml warmes Wasser darübergießen. 15 Minuten an einen warmen Ort stellen, damit die Hefe aktiviert wird. Mehl auf eine Arbeitsplatte sieben, Salz zugeben, die Hefe und das Öl zugießen und alles zu einem glatten Teig verarbeiten. 5 Minuten weiter kneten. In eine angewärmte Schüssel legen, ein feuchtes Handtuch darüberlegen und an einem warmen Ort 2 Stunden gehen lassen. Die Masse soll sich dabei verdoppeln. Teig zu einem großen Kreis ausrollen, die Ränder etwas hochkneifen, so daß der Teig die Beläge der folgenden Rezepte halten kann.

Italien

Pizza alla Marinara Pizza mit Knoblauch und Tomaten

Pizzateig (s. voriges Rezept)
300 ml Tomatensoße
5 Knoblauchzehen, fein gehackt
½ TL Oregano

Tomatensoße auf dem Teig verteilen und mit Knoblauch und Oregano bestreuen. Im vorgeheizten Backofen bei 220° 20 Minuten backen, bis die Ränder der Pizza in die Höhe gegangen und braun geworden sind.
Für Pizza Margherita zusätzlich Scheiben von Mozzarella-Käse auflegen und mit 25 g geriebenem Parmesan bestreuen.

Calzone Gefaltete Pizza

Pizzateig (siehe oben)
85 g Ricottakäse
85 g Mozzarella, gewürfelt
50 g Parmesan, gerieben
2 Zucchini
3 Knoblauchzehen, zerdrückt
3 EL Olivenöl
1 TL Oregano
Meersalz und schwarzer Pfeffer
2 Zwiebeln

Alle Käsesorten in einer Schüssel miteinander vermischen. Zucchini und Zwiebeln in Scheiben schneiden und zusammen mit Knoblauch und Oregano in dem Öl bei geschlossenem Topf garen, etwa 10 Minuten. Wenn alles weich ist, die Gemüse abkühlen lassen, zu den Käsen geben und gut vermischen. Den Teig zu einem großen Kreis ausrollen, die Mischung auf die Hälfte des Teiges legen, dabei etwa einen Zentimeter vom Rand entfernt bleiben. Teig überklappen und mit den Fingern zusammendrücken. Etwas Olivenöl darüber pinseln und im vorgeheizten Backofen bei 230° 15 Minuten backen.

Gemüsegerichte

Habas con Jamon Gefüllte Zwiebeln — Spanien

4 große Zwiebeln
4 Knoblauchzehen, zerdrückt
1 grüne Chilischote, ohne Samen und Samenstand
3 Tomaten, gehackt
4 EL braunes Paniermehl
1 EL Fenchel, gemahlen
1 Ei, geschlagen
4 EL Olivenöl
Meersalz und schwarzer Pfeffer

Zwiebeln schälen und in der Mitte eine Höhlung schneiden. Ausgehöhlte Zwiebeln 4 bis 5 Minuten in Wasser garen und abtropfen. Die ausgelösten Zwiebelstücke in dem Olivenöl mit dem Knoblauch, der gehackten Chilischote und dem Fenchel garen. Wenn die Zwiebelstücke weich geworden sind, die Tomaten zugeben und weitere 4 Minuten garen. Hitze verstärken und alle restliche Flüssigkeit verdampfen lassen. In eine Schüssel füllen und abkühlen lassen. Das geschlagene Ei und das Paniermehl zugeben, gut abschmecken und in die ausgehöhlten Zwiebeln füllen. In eine gefettete feuerfeste Form setzen und im vorgeheizten Backofen bei 200° 20 Minuten backen.

Pimientos rellenos Gefüllte Paprika — Spanien

4 große Paprikaschoten
50 g Manchego-Käse, gerieben
50 g Parmesan, gerieben
4 EL braunes Paniermehl
2 Knoblauchzehen, zerdrückt
12 schwarze Oliven, entsteint und gehackt
150 ml trockener Weißwein
2 EL Weinbrand
Meersalz und schwarzer Pfeffer

Von den Paprika einen Deckel abschneiden, Samen und Samenstände entfernen. In einen Brattopf mit festschließendem Deckel setzen. Alle anderen Zutaten, außer dem Wein, miteinander vermischen und in die Paprika füllen. Die Deckel wieder auf die Paprika setzen, den Wein darübergießen und mit fest geschlossenem Deckel im vorgeheizten Backofen bei 200° 40 Minuten garen.

Spanien

Potaje de Garbanzos Kichererbsensuppe

450 g Kichererbsen
3 Scheiben Vollkornbrot
3 Knoblauchzehen, zerdrückt
225 g frischer Spinat
225 g Kartoffeln
2 große Zwiebeln
6 junge Artischocken
150 ml Olivenöl
6 große Tomaten, geschält und gehackt
1 EL Oregano
1 TL Kreuzkümmel, gemahlen
Meersalz und schwarzer Pfeffer
1 EL Petersilie, gehackt
2 Eier, hartgekocht und fein gehackt

Kichererbsen über Nacht einweichen. Zwei Stunden in Salzwasser weichkochen. Brot mit dem Knoblauch und etwas Olivenöl braun braten und beiseite stellen. Das restliche Olivenöl in einen Topf gießen und die Zwiebeln darin weich braten, dann die Spinatblätter zugeben und weitere 20 Minuten garen. Eine halbe Stunde bevor die Kichererbsen gar sind, die geschälten und gewürfelten Kartoffeln dazugeben. Die Artischocken putzen und vierteln und ebenfalls zu den Kichererbsen geben. Die gebratenen Brotscheiben mit dem Knoblauch zu einem dicken Brotbrei verarbeiten. Die garen Kichererbsen mit den Kartoffeln und Artischocken in den Topf zu Zwiebeln und Spinat geben und soviel Kochflüssigkeit zufügen, daß eine dicke Suppe entsteht. Die Tomaten unterrühren und warm werden lassen, dann den Brotbrei. Abschmecken. Vor dem Auftragen das gehackte harte Ei aufstreuen und schließlich die Petersilie.

Frankreich

Pommes de Terre en Matelote

450 g Kartoffeln, gekocht
50 g Butter
je 2 EL Petersilie und Schnittlauch
Meersalz und schwarzer Pfeffer
300 ml Gemüsebrühe
150 ml trockener Weißwein
2 Eidotter

Kartoffeln halbieren und in einen großen Topf legen. Butter, Gewürze und Salz und Pfeffer zugeben, die Brühe und den Wein darübergießen. 10 Minuten garen, dann die Flüssigkeit mit dem Eidotter dicken. Dazu etwas Flüssigkeit abschöpfen und mit den Dottern verrühren und zurück in den Topf geben. Durchrühren und servieren.

Menestra de Verduras Gemischte Gemüse — Spanien

Gemüse:
6 kleine Artischocken
10 Spargelstangen
226 g grüne Bohnen
225 g frische Erbsen
225 g Möhren
1 Staude Stangensellerie
225 g Pilze
570 g Gemüsebrühe
Meersalz
und schwarzer Pfeffer
140 ml Olivenöl

Soße:
2 Zwiebeln, gehackt
5 Knoblauchzehen, zerdrückt
2 große Tomaten, geschält
und gehackt
1 TL Oregano
Meersalz
und schwarzer Pfeffer
3 EL Olivenöl

Artischocken putzen und vierteln, die übrigen Gemüse klein hacken, außer den Spargelspitzen und Erbsen natürlich. Olivenöl in einem großen Topf erhitzen und die Gemüse 3 bis 4 Minuten darin garen. Dann die heiße Gemüsebrühe und Salz und Pfeffer zufügen. In einen vorgeheizten Backofen stellen und bei 180° eine Stunde garen. Inzwischen die Soße zubereiten. Öl erhitzen, Zwiebeln, Knoblauch und Oregano zugeben und garen, bis die Zwiebeln weich sind. Dann die Tomaten zufügen und die Gewürze; weitere 5 Minuten garen. Die Soße vor dem Servieren über die Gemüse gießen.

Patitas en Mojo Neue Kartoffeln mit Chilisoße — Spanien

450 g neue Kartoffeln
2 rote Chilischoten, getrocknet
2 EL Rotweinessig
1 EL Paprikapulver
3 Knoblauchzehen, zerdrückt
½ TL Kreuzkümmel
140 ml Olivenöl
Meersalz

Kartoffeln in der Schale kochen. Inzwischen die Soße bereiten, entweder in einem Mörser oder in einem elektrischen Mixer. Rote Chilis und Kreuzkümmel zu Pulver zermahlen, Knoblauch, Paprikapulver und Salz zugeben. Essig zugeben und das Öl in dünnem Strahl zugeben, bis unter Rühren eine Emulsion entsteht. Diese Soße zu den heißen Kartoffeln servieren.

Frankreich

Pommes de Terre à la Manière d'Apt

450 g Kartoffeln
150 g Olivenöl
4 EL Tomatenpüree
Meersalz
und schwarzer Pfeffer
2 Lorbeerblätter
6 schwarze Oliven, entsteint
300 ml Gemüsebrühe
3 EL braunes Paniermehl

Kartoffeln schälen und Scheiben von etwa ½ cm Dicke schneiden. Das Öl in eine flache feuerfeste Form gießen, Tomatenpüree und Salz und Pfeffer zugeben, ebenso die Kartoffeln. 5 Minuten garen, dann die Gemüsebrühe und Lorbeerblätter zugießen und eine halbe Stunde simmern. Lorbeerblätter entfernen. Die Oliven darüber verteilen, das Paniermehl aufstreuen und das Gericht im vorgeheizten Backofen bei 180° 30 Minuten fertiggaren.

Frankreich

Poireaux à la Provençale Porree provenzalisch

900 g Porree
450 g Tomaten
10 schwarze Oliven, entsteint und halbiert
3 EL Olivenöl
Schale und Saft einer Zitrone
Meersalz
und schwarzer Pfeffer

Porree säubern und kleinhacken. Das Öl in eine feuerfeste Schüssel gießen und den Porree darin 5 Minuten simmern. Zitronensaft zugeben, ebenso die gehackte Schale, die gehackten Tomaten und die Oliven. Umrühren und über kleiner Flamme weitere 10 Minuten garen. Heiß auftragen.

Frankreich

Beignets d'Aubergines

2 Auberginen
120 g Mehl
3 EL Olivenöl
170 ml Wasser
1 Prise Salz
1 Eiklar, geschlagen

Auberginen in etwa ½ cm dicke Scheiben schneiden, mit Salz bestreuen und eine Stunde stehen lassen. Das Mehl mit dem Öl und dem Salz verrühren, allmählich das Wasser dazu schlagen, der Teig muß glatt bleiben. Ganz zuletzt das geschlagene Eiklar unterheben. Das Salz von den Auberginen waschen und trocken tupfen. Die Scheiben in den Teig tauchen und in sehr heißem Maiskeimöl ausbraten.

Ratatouille Frankreich

150 ml Olivenöl
1 EL Oregano
2 große Zwiebeln, gehackt
2 Auberginen, vorbereitet wie im vorigen Rezept
3 Paprikaschoten, ohne Samen und Samenstände
3 Zucchini, in Scheiben
300 ml Tomatensoße
Meersalz und schwarzer Pfeffer

Öl in eine Pfanne gießen, Oregano, Zwiebeln, Auberginen, Paprika und Zucchini zugeben, Deckel auflegen und eine halbe Stunde simmern lassen. Tomatensoße hineinrühren und ohne Deckel weitere 10 Minuten garen.

Champignons à la Provençale Frankreich

250 g Pilze
4 EL Olivenöl
3 Knoblauchzehen, zerdrückt
Meersalz und schwarzer Pfeffer
3 EL Petersilie, gehackt

Pilze in Scheiben schneiden und in dem Olivenöl mit dem Knoblauch garen, bis sie fast weich sind und die Flüssigkeit verdunstet ist. Kräftig abschmecken und mit Petersilie bestreuen.

Tomates Provençales Frankreich

2 große Tomaten
2 Knoblauchzehen, zerdrückt
3 EL Vollkornpaniermehl
5 EL Basilikum, gehackt
2 EL Olivenöl
2 EL Gruyère, gerieben
Meersalz und schwarzer Pfeffer

Tomaten halbieren und das Fruchtfleisch vorsichtig herauslöffeln, die leeren Hälften beiseite stellen. Das Fruchtfleisch hacken und mit den übrigen Zutaten mischen. In die ausgehöhlten Tomaten füllen und für 5 Minuten unter einen sehr heißen Grill setzen, bis die Oberfläche knusprig und ganz leicht angebrannt ist.

Sizilien

Caponatina Auberginen in süßsaurer Soße

3 Auberginen
150 ml Olivenöl
1 Zwiebel, in Scheiben
300 ml Tomatensoße
1 EL brauner Zucker
Meersalz
und schwarzer Pfeffer
50 g grüne Oliven, entsteint und gehackt
2 EL Rotweinessig
50 g Sultaninen
50 g Pinienkerne
50 g Kapern

Auberginen in Scheiben schneiden, salzen, eine Stunde stehen lassen. Dann abspülen und trocken tupfen. Das Öl in einer Pfanne erhitzen, die Auberginenscheiben darin kroß braten und auf einer Platte auslegen. Die Zwiebel in der gleichen Pfanne mit dem restlichen Öl weich braten, die Tomatensoße zugeben und die übrigen Zutaten. 15 Minuten garen, dann die Soße über die Auberginen gießen und die Platte für 10 Minuten in den heißen Backofen setzen.

Italien

Pasticcio di Patate Gebackenes Kartoffelpüree

1200 g Kartoffeln
150 ml Milch
85 g Butter
50 g Parmesan, gerieben
2 EL Basilikum, gehackt
2 EL Petersilie, gehackt
1 TL Zitronenschale, gerieben
1 Prise Muskat
50 g Mozzarella-Käse, gewürfelt
3 EL braunes Paniermehl

Kartoffeln schälen und garkochen. Gut abtropfen lassen und durch ein Sieb treiben. Die restlichen Zutaten, außer Paniermehl, unterrühren. Eine Souffléform buttern, die Mischung hineinlöffeln, mit dem Paniermehl bestreuen und im vorgeheizten Backofen bei 190° 20 Minuten backen.

Rotolo di Spinaci Spinatrolle

Italien

450 g Kartoffeln
1 Zwiebel, gehackt
2 EL Olivenöl
700 g Spinat, gekocht und gehackt
120 g Ricotta-Käse
120 g Parmesan, gerieben
1 Prise Muskat
1 Ei, geschlagen
2 Eidotter
1 TL Backpulver
140 g Vollkornmehl
85 g Butter
Meersalz und schwarzer Pfeffer
25 g Parmesan, gerieben
25 g Butter, geschmolzen

Kartoffeln schälen, garkochen und durch ein Sieb treiben. Mit dem geschlagenen Ei, dem Mehl und dem Backpulver vermischen. Salzen und pfeffern und zu einem Teig verarbeiten. Die Zwiebel in dem Olivenöl weich braten, den Spinat zugeben und ein paar Minuten heiß werden lassen. Dann in eine Schüssel füllen und mit den beiden Käsen, dem Muskat, den Eidottern sowie Salz und Pfeffer gut vermischen. Den Kartoffelteig zu einem Rechteck von 30 × 40 cm ausrollen und die Spinatmischung so darauf verteilen, daß an allen Seiten ein Streifen von 2,5 cm Breite frei bleibt. Zu einer Wurst aufrollen, dann die Wurst in ein dünnes Küchentuch einrollen, an beiden Enden zubinden und in einen Topf mit leicht kochendem Salzwasser legen. 30 Minuten simmern lassen, Rolle herausnehmen, ruhen und abkühlen lassen. Die Rolle aus dem Tuch nehmen und in 2 cm dicke Scheiben schneiden. Diese Scheiben so in eine feuerfeste Form schichten, daß sich die Enden überlappen. Die geschmolzene Butter darübergießen und den restlichen Parmesan. In einem vorgeheizten Backofen bei 200° 15 Minuten backen.

Griechenland

Lahanorizo Weißkohl mit Reis

1 mittelgroßer Weißkohl, kleingeschnitten
2 Zwiebeln, fein geschnitten
150 ml Olivenöl
120 g brauner Reis, gekocht
2 EL Tomatenpüree
Saft und Schale einer Zitrone
Meersalz und schwarzer Pfeffer
je ein EL Petersilie und Minze, beides gehackt

Zwiebel und Weißkohl in dem Olivenöl zwei oder drei Minuten braten, dann den Reis, das Tomatenpüree, Zitronensaft und Schale zugeben und abschmecken. Gut durchrühren und 10 Minuten simmern lassen. Vom Herd nehmen und 5 Minuten ruhen lassen. In eine Servierschüssel füllen und mit den Kräutern bestreuen.

Griechenland

Prassorizo Porree mit Reis

900 g Porree
2 Zwiebeln, in Scheiben
150 ml Olivenöl
120 g brauner Reis, gekocht
Saft und Schale einer Zitrone
Meersalz und schwarzer Pfeffer
1 EL Petersilie, gehackt

Porree putzen, waschen und in Scheiben schneiden. Mit den Zwiebeln in dem Öl 2 bis 3 Minuten garen, dann die übrigen Zutaten beigeben, bis auf die Petersilie. Weiter verfahren wie beim vorigen Rezept.

Griechenland

Patates Lemonates Kartoffeln in Zitronensoße

900 g Kartoffeln
Saft und Schale von 2 Zitronen
120 g Butter
150 ml Wasser
Meersalz und schwarzer Pfeffer

Kartoffeln schälen und in Stücke von etwa 4 cm Größe schneiden. Eine tiefe feuerfeste Form buttern, die Kartoffeln hineinlegen, Zitronenschale darüberstreuen, mit dem Saft und dem Wasser begießen. Würzen und Butterflöckchen daraufsetzen. In einem vorgeheizten Backofen bei 190° eine Stunde backen.

Arakas me Anginares Frische Erbsen mit Artischocken Griechenland

900 g Erbsen in der Schote
6 junge Artischocken
Saft und Schale von 2 Zitronen
150 ml Olivenöl
2 EL Dill
450 ml Wasser
1 Bund Frühlingszwiebeln
Meersalz und schwarzer Pfeffer

Erbsen aus den Schoten nehmen, Artischocken putzen und vierteln. Das Öl in einem Topf erhitzen, Dill zugeben und die Erbsen und Artischocken darin drei Minuten garen. Dann Wasser zugeben und würzen. Unter gelegentlichem Umrühren 30 Minuten simmern lassen. Die Frühlingszwiebeln hacken und 5 Minuten vor Ende des Kochvorgangs aufstreuen.

Gefüllte Paprika Italien

6 Paprikaschoten
1 Zwiebel
2 Zucchini
5 Knoblauchzehen, zerdrückt
6 schwarze Oliven, entsteint und gehackt
2 EL Kapern
3 EL Olivenöl
100 g braunes Paniermehl
Meersalz und schwarzer Pfeffer
50 g Parmesan, gerieben
50 g Gruyère, gerieben
50 g Butter
150 ml Gemüsebrühe

Von den Paprikaschoten einen Deckel abschneiden, Samenstände und Samen entfernen. Zwiebel und Zucchini in Scheiben schneiden und in dem Olivenöl weich braten, dann den Knoblach dazugeben. In einer Schüssel mit den Kapern, den gehackten Oliven, dem Paniermehl, den Gewürzen und den Käsen vermischen. Paprikas mit dieser Mischung füllen. In einen passenden Topf setzen und die Deckel auflegen. Die Butter mit der Brühe vermischen und darübergießen. Bei sehr schwacher Hitze – die Brühe soll gerade simmern – 30 bis 40 Minuten garen. Gut abgießen. Das Gericht kann warm oder kalt gegessen werden.

Italien

Peperonata

900 g rote, grüne und gelbe Paprikaschoten
5 Knoblauchzehen, zerdrückt
2 große Zwiebeln, in Scheiben
450 g Tomaten
150 ml Olivenöl
Meersalz und schwarzer Pfeffer

Samen und Samenstände der Paprika entfernen, dann dünn schneiden. Öl in einer Pfanne erhitzen und Paprika, Zwiebeln, Knoblauch und Gewürze darin 15 bis 20 Minuten garen. Tomaten in eine Pfanne mit Deckel legen und im eigenen Saft bei niedriger Hitze 10 Minuten kochen. Abkühlen lassen, dann pürieren und durch ein Sieb streichen. Das Tomatenpüree zu den Paprikastreifen geben und weitere 10 Minuten garen. In eine Schüssel geben und kalt werden lassen. Mit Brot servieren.

Italien

Pepperoni in Tortiera

je 1 grüne, gelbe und rote Paprikaschote
3 EL braunes Paniermehl
3 Knoblauchzehen, zerdrückt
6 schwarze Oliven, entsteint und in Scheibchen
je 1 EL Minze und Petersilie, beide gehackt
5 EL Olivenöl
1 EL Zitronensaft
Meersalz und schwarzer Pfeffer

Paprikaschoten unter einem heißen Grill oder über einer Flamme ansengen, bis die Haut schwarz wird und Blasen wirft. Haut abziehen oder abkratzen. Das Fleisch in Streifchen schneiden, Samen und Samenstände wegwerfen. Paprika in eine flache feuerfeste Schüssel legen. Knoblauch, Kräuter, Paniermehl, 2 EL Öl, die Gewürze und den Zitronensaft miteinander verrühren und über die Paprikastreifen gießen. Die Olivenscheibchen darauf verteilen und das restliche Olivenöl obenauf gießen. In einem Backofen bei 200° 10 bis 12 Minuten backen. Heiß oder warm servieren.

Sabbat-Paprika Israel

4 große grüne Paprika
120 g Walnüsse, gemahlen
8 EL Matzen-Mehl
4 EL Vollkorn-Paniermehl
4 Knoblauchzehen, zerdrückt
2 Zwiebeln, fein geschnitten
1 TL Dill
1 TL frischer Majoran
Meersalz
und schwarzer Pfeffer
2 EL Olivenöl

Einen Deckel von jeder Paprikaschote abschneiden und Samen und Samenstände entfernen. Das Olivenöl in einen Topf gießen und Zwiebel und Knoblauch kurz darin braten. Alle übrigen Zutaten beifügen und gut durchmischen. Die Paprika mit dieser Mischung füllen, eng in eine feuerfeste Form setzen und die Deckel aufsetzen. Etwas Wasser auf den Boden der Form gießen und im vorgeheizten Backofen bei 190° 40 bis 45 Minuten garen.

Courgettes Yahni Griechenland

450 g Zucchini
1 Bund Frühlingszwiebeln
4 Tomaten
2 Knoblauchzehen, zerdrückt
½ TL Koriander, gemahlen
½ TL Paprikapulver
4 EL Olivenöl
Meersalz
und schwarzer Pfeffer
etwas Zitronensaft

Zucchini der Länge nach vierteln, die Frühlingszwiebeln hacken, die Tomaten schälen und ebenfalls hacken. Öl in einen Topf gießen, Frühlingszwiebeln, Knoblauch und Tomaten darin kurze Zeit anbraten. Koriander und Paprikapulver zugeben, dann die Zucchini in die Soße legen, mit Salz und Pfeffer abschmecken. Den Deckel auflegen und 25 Minuten simmern lassen. Vor dem Auftragen mit etwas Zitronensaft beträufeln.

Griechenland

Sesam-Kartoffeln

450 g Kartoffeln
10 schwarze Oliven, entsteint und gehackt
2 EL frisches Basilikum, gehackt
25 g Butter
2 EL Matzen-Mehl
50 g Sesamsamen
Meersalz und schwarzer Pfeffer

Kartoffeln schälen, kochen und zu einem Püree verarbeiten. Alle übrigen Zutaten, außer dem Sesam, dazugeben und vermischen. Zu kleinen Plätzchen formen und in dem Sesam wälzen. In heißem Öl braun und knusprig ausbakken.

Griechenland

Bamies Okra-Casserole

450 g frische Okra
1 große Zwiebel, in Scheiben
140 ml Olivenöl
2 EL Petersilie, gehackt
450 g Tomaten, enthäutet und gehackt
Meersalz und schwarzer Pfeffer

Okra vorsichtig putzen; nicht die Spitze abschneiden, das bedeutet Saftverlust. Öl in einem Topf erhitzen, Zwiebel, Tomaten und Gewürze zugeben und kurz anbraten. Okra zugeben und in die Soße rühren. Petersilie aufstreuen, Deckel auflegen und in einem vorgeheizten Backofen bei 180° 45 Minuten garen.

Griechenland

Spanaki me Lemoni Spinat mit Zitrone

900 g frischer Spinat
1 große Zwiebel, in Scheiben
50 g Butter
Saft und kleingeschnittene Schale einer Zitrone
Meersalz und schwarzer Pfeffer

Spinat waschen und hacken. Butter in einem Topf erhitzen, Zwiebel zugeben und kurz anbraten. Spinat zugeben, mit Salz und Pfeffer würzen, Deckel auflegen und 10 Minuten garen. Deckel abnehmen, Zitronensaft und Schale zufügen und Hitze erhöhen. Unter Rühren kochen lassen, bis alle überschüssige Flüssigkeit verdampft ist.

Kounoupithi Kapama Blumenkohlkasserolle Griechenland

1 großer Blumenkohl
Saft und kleingeschnittene Schale einer Zitrone
50 g Butter
1 Zwiebel, in Scheiben
2 Knoblauchzehen, zerdrückt
150 ml Wasser
3 EL Tomatenpüree
Meersalz und schwarzer Pfeffer
2 EL Petersilie, gehackt

Blumenkohl in einzelne Röschen zerteilen. Butter in einer Kasserolle erhitzen, Zwiebel und Knoblauch darin weich braten. Zitronenwürze, Wasser und Tomatenpüree zugeben und zu einer Soße verrühren. Mit Salz und Pfeffer abschmecken. Den Blumenkohl zugeben, dabei über jedes Röschen Soße löffeln. Deckel auflegen und 10 Minuten simmern. Mit Petersilie bestreuen und servieren.

Katalanischer Spinat Spanien

900 g Spinat
3 EL Olivenöl
3 Knoblauchzehen, zerdrückt
3 EL Pinienkerne
3 EL Korinthen
Meersalz und schwarzer Pfeffer

Spinat waschen und hacken. In einen Topf geben, Deckel auflegen und bei geringer Hitze 10 bis 12 Minuten kochen, bis er zusammengefallen ist. Abkühlen und abtropfen lassen, dann zu einem dicken Püree verarbeiten. In eine feuerfeste Form füllen und in den angewärmten Backofen stellen. Knoblauch in dem Olivenöl etwas anbraten, Pinienkerne und Korinthen zufügen und heiß werden lassen. Mit Salz und Pfeffer abschmecken und über den Spinat gießen. Backofentemperatur erhöhen, so daß der Spinat wieder warm wird.

Libanon

Würziger Blumenkohl

1 großer Blumenkohl
450 g rote Paprikaschoten
120 g frische rote Chilischoten
150 ml Olivenöl
Saft einer Zitrone
Meersalz

Blumenkohl in Röschen zerteilen und in schwach gesalzenem Wasser 5 Minuten garen. Abtropfen lassen und warm stellen. Samen und Samenstände aus Paprika und Chilischoten entfernen, klein schneiden. 8 Minuten kochen, abgießen und in einen Mixer geben. Olivenöl, Zitronensaft und Salz zugeben und zu einem Püree verarbeiten. Blumenkohl in eine angewärmte Schüssel legen, die scharfe Soße darüber gießen.

Tunesien

Gemüsepfanne

150 ml Olivenöl
6 Knoblauchzehen
2 Möhren, in Scheiben
2 Zwiebeln, in Scheiben
4 Kartoffeln, gewürfelt
2 Zucchini, in Scheiben
1 Aubergine, gewürfelt
2 Chilischoten, gehackt (ohne Samen)
1 TL Kreuzkümmel, gemahlen
1 TL Koriander, gemahlen
2 EL Petersilie, gehackt
150 ml Joghurt
Meersalz und schwarzer Pfeffer

Öl in einer großen Pfanne erhitzen, alle Gemüse und Gewürze zugeben und 3 bis 4 Minuten garen. Ständig rühren, damit alle Gemüse von Öl überzogen sind. Soviel kochendes Wasser zugeben, daß die Gemüse gerade bedeckt sind. Zum Kochen bringen, Deckel auflegen und im vorgeheizten Backofen bei 180° 45 Minuten garen. Herausnehmen, Joghurt einrühren und Petersilie aufstreuen.

Gemüsepfanne Türkei

150 ml Olivenöl
6 Knoblauchzehen
2 grüne Paprika
2 rote Paprika
2 Zucchini
1 Aubergine
450 g Tomaten
300 ml Joghurt
Meersalz
und schwarzer Pfeffer

Samen und Samenstände aus den Paprika entfernen, klein schneiden. Knoblauch schälen, Zucchini in Scheiben, Aubergine in Würfel schneiden. Öl in einer Pfanne erhitzen und die Gemüse hineingeben. 4 bis 5 Minuten garen lassen. Die geschälten und gehackten Tomaten zugeben, ebenso die Gewürze und soviel Wasser, daß die Gemüse gerade bedeckt sind. In einem vorgeheizten Backofen bei 180° 45 Minuten garen. Vor dem Auftragen die Joghurt einrühren.

Grüne Bohnen provenzalisch Frankreich

450 g feine grüne Bohnen
3 EL Olivenöl
2 Knoblauchzehen, zerdrückt
3 Tomaten
2 EL Petersilie, gehackt
Meersalz
und schwarzer Pfeffer

Bohnen putzen und in Stücke von etwa 2 cm Länge schneiden. In schwach gesalzenem Wasser 5 Minuten kochen, abgießen und warm stellen. Inzwischen den Knoblauch in dem Öl anbraten, die geschälten Tomaten zugeben und zu einem Püree verkochen. Die Bohnen in eine vorgewärmte Schüssel legen, die Soße darübergießen und mit Petersilie bestreuen.

Frankreich

Provençale Tian

6 große Zwiebeln
2 EL Olivenöl
2 Knoblauchzehen, zerdrückt
½ TL Thymian
½ TL Fenchelsamen
2 EL braunes Paniermehl
1 EL Vollkornmehl
300 ml Milch
150 ml einfache Sahne
1 Ei, geschlagen
Meersalz
und schwarzer Pfeffer

Zwiebeln in Scheiben schneiden und in kochendem Salzwasser 4 Minuten blanchieren; sie sollen noch etwas fest sein. Gut abtropfen lassen. Öl in einem Topf erhitzen, Knoblauch und Gewürze zugeben und kurz erhitzen. Das Mehl einrühren und durchgaren, dann langsam die Milch zugeben und rühren, bis sich eine dicke Soße ergibt. Unter Rühren die Sahne zugeben. Mit Salz und Pfeffer abschmecken. Die Zwiebeln in eine flache Steingutform legen – sie heißt auf provenzalisch Tian. Die Soße darübergießen und das Paniermehl darauf verteilen. In einem vorgeheizten Backofen bei 190° 20 bis 30 Minuten backen. Die Oberfläche soll knusprig und braun sein.

Italien

Fenchel mit Parmesan

6 Fenchelknollen
50 g Butter
4 EL Parmesan, gerieben
Meersalz
und schwarzer Pfeffer

Fenchel säubern und halbieren. In Salzwasser 8 bis 10 Minuten kochen, abgießen. Eine flache feuerfeste Form großzügig buttern, den Fenchel hineinlegen und kräftig pfeffern. Den Parmesan darüberstreuen und die restliche Butter in Flöckchen aufsetzen. In einem vorgeheizten Backofen bei 200° 15 Minuten backen. Die Butter soll Blasen werfen und der Käse goldbraun sein.

Fenouil à la niçoise Frankreich

6 Fenchelknollen, halbiert
2 Zwiebeln, gehackt
3 Knoblauchzehen, zerdrückt
2 EL Olivenöl
6 schwarze Oliven, entsteint und gehackt
300 ml Tomatensoße
85 g Gruyère, gerieben

Fenchel säubern und 8 bis 10 Minuten in Salzwasser kochen. Abgießen und beiseite stellen. Zwiebeln und Knoblauch in dem Öl weich braten, die Tomatensoße zugeben und die Oliven. Fenchel in eine feuerfeste Form legen und die Soße darübergießen. Gruyère aufstreuen und in einem vorgeheizten Backofen bei 200° 10 Minuten backen.

Fèves à la Poulette Dicke Bohnen mit Eiersoße Korsika

900 g dicke Bohnen
2 Eidotter
2 EL Petersilie, gehackt
25 g Butter
1 TL Mehl
1 EL dicke Sahne
Meersalz und schwarzer Pfeffer

Bohnen aus den Hülsen nehmen und in wenig Wasser 8 Minuten kochen. Abgießen, dabei etwa 150 ml des Kochwassers zurückbehalten. Butter in einer Pfanne schmelzen lassen, das Mehl einrühren und gar werden lassen. Das Kochwasser zugießen, mit Salz und Pfeffer würzen und die Bohnen in die Soße legen. Ein paar Minuten heiß werden lassen. Die Eidotter einrühren, danach die Sahne. Die Soße dick werden lassen, dann mit Petersilie bestreuen.

Pommes de Terre à la Méridionale Frankreich

650 g neue Kartoffeln
150 ml Olivenöl
Meersalz und schwarzer Pfeffer
10 Knoblauchzehen, fein gehackt
3 EL Petersilie, gehackt

Kartoffeln schrappen und in einen Kochtopf mit dickem Boden legen. Das Öl darübergießen, die Hälfte des Knoblauchs aufstreuen und kräftig mit Salz und Pfeffer würzen. Den Deckel auflegen und bei mittlerer Hitze 20 Minuten garen. Wenn die Kartoffeln weich und goldbraun sind, in eine Servierschüssel legen, die andere Hälfte des Knoblauchs darüber streuen und die Petersilie.

Italien

Navoni all'Agliata Weiße Rüben mit Knoblauch

450 g weiße Rüben
5 EL Olivenöl
4 Knoblauchzehen, zerdrückt
1 EL Weißweinessig
Meersalz
und schwarzer Pfeffer
2 EL Petersilie, gehackt

Rüben schälen und in etwas Salzwasser 5 Minuten kochen. Abtropfen lassen und vierteln. Öl in eine Pfanne geben und die Rüben darin braten, dabei mit Salz und Pfeffer würzen. Den Knoblauch mit dem Essig mischen und über die heißen Rüben gießen. Hitze verstärken, so daß die Rüben braun und kroß werden. Das sollte nicht länger als 5 Minuten dauern. Mit Petersilie bestreut auftragen.

Türkei

Möhren mit Reis

450 g junge Möhren
300 ml Olivenöl
je 1 TL Kreuzkümmel
und Koriander, zerdrückt
2 EL brauner Reis
Saft einer Zitrone
Meersalz
und schwarzer Pfeffer
2 EL Minze, gehackt

Möhren der Länge nach halbieren, in einen Kochtopf mit dickem Boden legen und das Öl darübergießen. Die Gewürze und den Reis zugeben und soviel Wasser zugeben, daß das Gemüse knapp bedeckt ist. Simmern, bis der Reis gerade gar ist, etwa 40 Minuten. In eine Schüssel füllen und mit der Minze bestreuen.

Monaco

Haricots verts de Monaco

450 g feine grüne Bohnen
4 EL Olivenöl
3 Tomaten, gehackt
3 Knoblauchzehen, gehackt
Meersalz
und schwarzer Pfeffer

Bohnen putzen und in etwas Salzwasser in etwa 10 Minuten gar kochen. Gut abtropfen lassen. Öl in einem Topf erhitzen und die Tomaten samt Knoblauch zugeben. Gut würzen und unter Rühren eine Soße daraus kochen. Die Bohnen zugeben und 3 bis 5 Minuten weiter kochen, bis sich alles gut verbunden hat.

Kichererbsen-Eintopf (Titelbild) Griechenland

350 g Kichererbsen
1 Würfel Gemüsebrühe
500 g Spinat
350 g Tomaten, gehäutet und geviertelt
70 g Zwiebeln, gewürfelt
2 Knoblauchzehen, in Scheiben
4 EL Olivenöl
275 g Porree
1 Bund Petersilie, gehackt
knapp ¼ l Sahne
Meersalz
Cayennepfeffer

Kichererbsen über Nacht in kaltem Wasser einweichen. Abgießen, abspülen und mit gut 1½ l Wasser allmählich zum Kochen bringen. Zugedeckt bei geringer Hitze 2½ Stunden garen. In den letzten 30 Minuten Brühwürfel zerdrückt zugeben. Abgießen, Kochwasser auffangen. Spinat darin kurz bis zum Zusammenfallen erwärmen. Zwiebel und Knoblauch in dem Öl 5 Minuten erhitzen; Tomaten zugeben und weitere 5 Minuten garen. Dann Kichererbsen und Spinat samt Brühe zufügen und alles vorsichtig erhitzen. Porree der Länge nach halbieren und in feine Scheiben schneiden. Petersilie mit der Sahne pürieren. Gemüse kräftig abschmecken, Porree und Petersiliensahne zugeben und etwas vermischen. Weitere 5 Minuten garen und servieren.

Desserts und Fruchtspeisen

Spanien

Tutton de Guirlache Dunkles Mandelfondant

900 g Mandeln, blanchiert
900 g brauner Rohrzucker
Saft einer Zitrone
1 EL Mandelöl

Zitronensaft und Zucker vermischen und in einem Topf erwärmen. Dabei mit einem Holzlöffel rühren, bis sich der Zucker gelöst hat. Die Mandeln zugeben und noch ein paar Minuten weiterrühren. Eine flache Blechform mit dem Mandelöl gut einfetten und die Mischung hineingießen. Mit dem Holzlöffel glätten, bis sich eine gleichmäßige Schicht von etwa 1½ cm ergibt. Bevor das Fondant endgültig fest wird, mit einem Messer Rechtecke hineinschneiden, jedoch nicht durchschneiden. Auskühlen und hart werden lassen.

Spanien

Turron de Jijona Weiches Mandelfondant

225 g Mandeln, blanchiert
225 g Haselnüsse
225 g brauner Rohrzucker
5 Eiklar
225 g Honig
1 EL Mandelöl

Mandeln und Haselnüsse auf einem Backblech für 10 Minuten in einen heißen Backofen geben und leicht anrösten. Abkühlen lassen, dann in einem Mixer grob zermahlen. Honig und Zucker zusammen in einen Topf geben und erhitzen, bis sich der Zucker gelöst hat. Die Mandel-Nuß-Mischung unterrühren und 5 Minuten unter Rühren heiß werden lassen. Von der Kochstelle nehmen und abkühlen lassen. Die Eiklar steif schlagen und unter die Masse heben. Ein Backblech ölen und die Masse daraufgießen und abkühlen lassen.

Torrijas Zimtbrot mit Honig Spanien

1 Vollkornbrot, in Scheiben
600 ml Milch
150 ml trockener Weißwein
2 EL Weinbrand
2 Eier, geschlagen
50 g brauner Rohrzucker
Olivenöl zum Braten
Honig und Zimt zum Bestreichen und Bestreuen

Milch, Zucker, Wein und Weinbrand mischen und die Brotscheiben darin einweichen. Abtropfen lassen, dann in dem geschlagenen Ei wälzen und in einer Pfanne von beiden Seiten goldbraun braten. Auf Küchenpapier abtropfen lassen, mit Honig bestreichen und mit Zimt bestreuen.

Natillas Pudding Spanien

120 g brauner Rohrzucker
1 TL Zimt
2 Eier
1 Eidotter
400 ml Milch

Eier, Eidotter und Zucker miteinander verschlagen. Milch mit dem Zimt erhitzen, unter Rühren die geschlagenen Eier zugeben und bei schwacher Hitze weiterrühren, bis die Mischung dickt. In eine Form gießen, abkühlen und fest werden lassen.

Esh es Seraya Palastbrot Ägypten

225 g Honig
120 g brauner Rohrzucker
120 g Butter
150 g Vollkornpaniermehl

In einem Topf alle Zutaten vermischen und unter ständigem Rühren 5 Minuten erhitzen. In eine Form gießen und abkühlen lassen. Kalt in rautenförmige Stücke schneiden, die mit Schlagsahne gegessen werden.

Joghurtbällchen Türkei

600 ml Joghurt
Saft einer Zitrone
2 Eier
250 g Vollkornmehl
Maiskeimöl zum Ausbacken
Staubzucker zum Bestreuen

Joghurt, Zitronensaft und Eier vermischen, unter kräftigem Rühren das Mehl zugeben. Das Öl erhitzen und den Teig löffelweise hineingeben. Die Bällchen umdrehen, damit sie gleichmäßig bräunen. Auf Küchenpapier abkühlen lassen, dann in dem Staubzucker wälzen. Dazu kann man Schlagsahne essen.

Libanon

Dattelplätzchen

450 g Datteln, entsteint
120 g Walnüsse
120 g Butter
170 g Vollkornmehl

Walnüsse und Datteln hacken und mit dem Mehl und der Hälfte der Butter vermengen. Aus dem Teig Plätzchen von etwa 4 bis 5 cm Durchmesser formen. Die restliche Butter in einer Pfanne erhitzen und die Plätzchen darin von beiden Seiten braten. Heiß mit Schlagsahne servieren.

Israel

Fruchtsalat

1 große reife Avocado
3 Apfelsinen
120 g milder Käse
Saft und Schale von 2 Zitronen
1 EL Walnüsse, gehackt
1 EL brauner Rohrzucker
eine Prise Zimt

Avocado schälen, entsteinen und klein hacken. Fruchtfleisch in eine Schüssel geben und den Zitronensaft samt Schale darübergießen. Apfelsinen schälen, sorgfältig die weiße Innenhaut entfernen. In dünne Scheiben schneiden und zur Avocado geben. Den Käse in kleine Würfel schneiden und ebenfalls zugeben. Nun die restlichen Zutaten unterheben. Gekühlt servieren.

Tunesien

Kompott von Trockenfrüchten

450 g Trockenfrüchte (Aprikosen, Pfirsiche, Feigen, Pflaumen)
50 g brauner Rohrzucker
Saft einer Zitrone
25 g Walnüsse, gehackt

Früchte über Nacht einweichen. Am nächsten Tag im Einweichwasser zum Kochen bringen, den Zucker zufügen und simmern, bis die Früchte weich sind. Den Zitronensaft zugeben, in eine Schüssel füllen. Gekühlt mit Schlagsahne servieren.

Fromage blanc aux Raisins sec Weißkäse mit Rosinen Frankreich

225 g Weißkäse
25 g Muskatellerrosinen
150 ml Weinbrand
25 g brauner Rohrzucker
Saft einer Zitrone
eine Prise Zimt

Rosinen in dem Weinbrand einen halben Tag einweichen. Zitronensaft, Zucker und Zimt zugeben und die Mischung 10 Minuten simmern lassen. Abkühlen, dann den Käse hineinschlagen und in Portionsgläser füllen.

Flan aux Marrons Kastanienpudding Frankreich

225 g Kastanien, frisch oder aus der Büchse
4 Eier
50 g Zucker
400 ml Milch
3 EL dunkler Rum

Karamel: 85 g brauner Rohrzucker und 50 ml Wasser

Für den Karamel den Zucker mit dem Wasser erhitzen, bis er sich schokoladenbraun färbt. Dann sofort in eine Kuchenform gießen und diese so verkanten, daß der Karamel den Boden und die Seiten bedeckt. Fest werden lassen. Frische Kastanien werden geschält und 20 Minuten in Salzwasser gekocht; Kastanien aus dem Glas oder der Büchse läßt man nur abtropfen. Dann fein hacken, den Backofen auf 180° vorheizen. Eier mit dem Zucker schlagen, die Milch und den Rum hineinmischen. Diese Mischung in die Form gießen und die Form in ein Wasserbad stellen. Sobald das Wasser richtig kocht, Wasserbad mit Form in den Backofen stellen. 12 Minuten garen, dann die Kastanien einrühren. Weiter garen, bis der Pudding fest wird, etwa 25 Minuten. Abkühlen lassen, dann aus der Form stürzen.

Melon aux Raisins Melone mit Trauben Frankreich

2 Ogen-Melonen
450 g kernlose Trauben
Saft von 2 Zitronen
2 EL feiner Rohrzucker

Melonen vierteln, schälen, Samen entfernen und in Stücke schneiden. Diese in eine Schüssel legen und den Zitronensaft darüber verteilen. Trauben von den Stengeln zupfen und auf die Melonenstücke legen. Den Zucker darüber streuen, vor dem Servieren im Kühlschrank kalt werden lassen.

Frankreich

Tarte au Citron Zitronentarte

Teig:
225 g Vollkornmehl
4 Eidotter
½ TL Salz
50 g brauner Rohrzucker
3 Tropfen Vanilleessenz
120 g Butter

Füllung:
2 Eier
50 g brauner Rohrzucker
Saft von zwei Zitronen
120 g Butter, geschmolzen
50 g Mandeln, gemahlen

Eine 30-cm-Tortenform buttern. Für den Teig das Mehl sieben, in die Mitte eine Vertiefung drücken, Eidotter, Salz, Zucker und Vanillearoma hineingeben und gut vermischen. Die weiche Butter einarbeiten, den Teig ein paar Minuten durchkneten, dann für eine Stunde in den Kühlschrank stellen. Teig ausrollen und die Form damit auskleiden. Im heißen Backofen 10 bis 12 Minuten blind bakken. Für die Füllung die Eier mit dem Zucker schlagen, dann den Zitronensaft, die geschmolzene Butter und schließlich die Mandeln hineingeben. Die Form auf ein heißes Backblech setzen, die Füllung auf den gebackenen Teig gießen und im Backofen 30 Minuten bei 190° backen. Noch warm servieren.

Frankreich

Figues fraîches au Jus d'Orange
Frische Feigen mit Orangensaft

10 oder 12 frische Feigen
Saft von 2 Orangen

Die Stengel von den Feigen schneiden, dann vierteln. In eine Glasschüssel legen und den Orangensaft darüber gießen. Vor dem Auftragen ein paar Stunden ziehen lassen.

Frankreich

Crème de Noix et Miel Honigcreme mit Walnüssen

5 g Walnüsse
150 ml Honig
600 ml dicke Sahne

Die Hälfte der Walnüsse fein mahlen, die andere Hälfte grob hacken. Nußmehl mit Honig und Sahne verrühren und gut schlagen. In Portionsgläser füllen, mit den restlichen Walnüssen bestreuen. Gut gekühlt servieren.

Macedonia di Frutta Frischer Fruchtsalat — Italien

1 Ogen-Melone, geschält und in Stücken
50 g brauner Rohrzucker
Saft von einer Zitrone und 2 Orangen
900 g verschiedene Früchte, z. B.: Birnen, Pfirsiche, Kirschen, Trauben, Pflaumen, Feigen, Äpfel, jeweils entsteint und in Stücken

Alle Früchte in eine große Glasschüssel legen, den Zucker darüber streuen und mit dem Fruchtsaft übergießen. Einige Stunden in den Kühlschrank stellen.

Torrone molle Schokolade-Nußdessert — Italien

225 g ungesalzene Butter
225 g brauner Rohrzucker
120 g Kakao
1 Ei und 1 Eidotter
120 g Mandeln, grob gehackt
60 g Walnüsse, grob gehackt
3 EL dunklen Rum

Die Butter weich rühren und mit dem Zucker in einer Schüssel vermischen. Nach und nach den Kakao dazugeben, bis eine Creme entsteht. Ei und Eidotter zusammen schlagen und unter die Creme rühren. Nun die restlichen Zutaten einrühren und gut vermischen. Eine Kuchenform mit gefettetem Backpapier auslegen, die Mischung hineingießen und glatt streichen. Über Nacht in den Kühlschrank stellen. Vor dem Servieren aus der Form stürzen.

Pere alla Crema del Lago di Como Birnen in Grappacreme — Italien

4 Birnen
Saft von einer Zitrone
25 g brauner Rohrzucker
85 ml Grappa
300 ml dicke Sahne

Sirup:
120 g brauner Rohrzucker
230 ml Wasser

Für den Sirup den Zucker in dem Wasser bei schwacher Hitze auflösen. Die Birnen schälen, halbieren und entkernen und in dem Sirup knapp weich kochen, etwa 8 Minuten. Die 25 g Zucker in dem Zitronensaft und dem Grappa bei schwacher Hitze auflösen und abkühlen lassen. Die Sahne steif schlagen und in die Grappamischung einrühren. Die Birnenhälften aus dem Sirup nehmen, in einer großen Schüssel auslegen und mit der Sahnemischung bedecken. Zwei bis drei Stunden in den Kühlschrank stellen, erst dann servieren.

Italien

Pesca con Vino Rosso Rotweinbowle mit Pfirsichen

6 große reife Pfirsiche
2 EL brauner Rohrzucker
600 ml Rotwein

Pfirsiche schälen, in Stücke schneiden und die Stücke in eine große Schüssel legen. Den Zucker darüber streuen und den Wein aufgießen.

Italien

Crema alle Mascarpone

2 Eier
50 g brauner Rohrzucker
225 g Mascarpone-Käse

Eier trennen, die Dotter mit dem Zucker schlagen. Den Käse zugeben und weiter schlagen, bis die Mischung glatt wird. Die Eiklar steif schlagen und unter die Käsecreme heben. In Portionsgläsern servieren.

Italien

Pesche ripiene Gefüllte Pfirsiche

5 reife Pfirsiche
2 Makronen
50 g Mandeln, gemahlen
Saft von 2 Zitronen
25 g brauner Rohrzucker
150 ml Weißwein

Pfirsiche einen Moment in kochendes Wasser tauchen, enthäuten, halbieren und die Steine wegwerfen. Einen Pfirsich in einen Mixer legen und zu Püree verarbeiten. Zitronensaft, Zucker, Mandeln und Makronen zugeben und zu einer glatten Paste vermischen. Eine Backform buttern, die Pfirsiche mit den Höhlungen nach oben darauflegen und mit der Paste füllen. Im Backofen bei 180° 30 Minuten garen.